Durs Grünbein
Lob des Taifuns

Reisetagebücher
in Haikus

Mit Übertragungen
ins Japanische und
einem Nachwort
von Yûji Nawata

Insel Verlag

Insel-Bücherei Nr. 1308

Lob des Taifuns
Reisetagebücher in Haikus

Deutsch und japanisch

Für Eva

»Entfernte Länder, große interessante Menschen, von denen ich habe reden hören, entfernte Kunstwerke und dergleichen mehr, haben alle diese traurige Gewalt über mich.«

Annette von Droste-Hülshoff

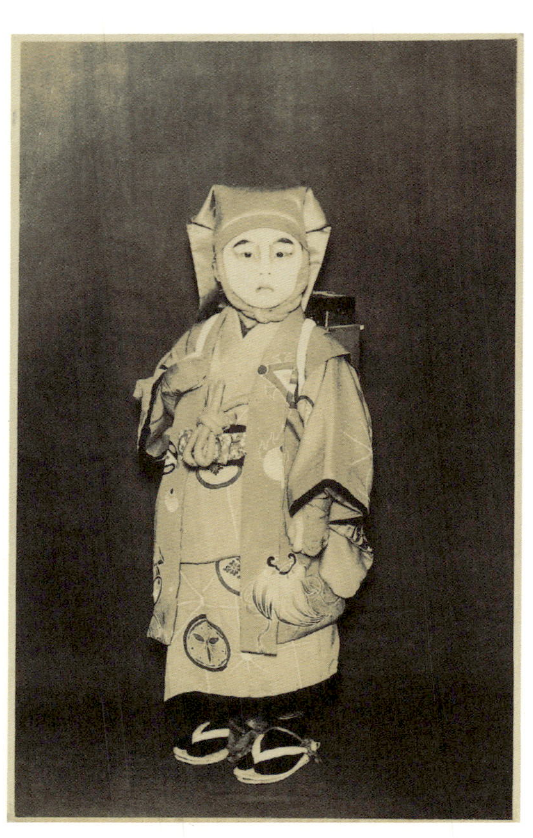

Zerrüttungen nach einer Tasse Tee
oder Reisetage mit Issa

Tagebuch einer Japan-Reise
im Oktober 1999

茶を一服しての乱れ書き或いは一茶と旅した日々

一九九九年十月の日本紀行

Schwierig, sehr schwierig
Ist so ein Spatzenleben
Auf den geschwätzigen Straßen.

16. Oktober 1999
Tokyo / Akasaka

十月十六日、東京・赤坂

さざめく路上に
雀の住むは
難(かた)きかな、さても難きかな。

Siebzehn Kehlkopfklicks –
Ein Gedicht auf japanisch.
Vorbei, kaum gehört.

17. Oktober 1999
Tokushima
Im Stadtpark lesen zwei ältere Damen einander laut Gedichte vor. Es müssen Haikus sein, wie ich an der Anzahl der stoßweise hervorgebrachten Silben erkenne.

十月十七日、徳島。公園で年配の婦人がふたり、詩を朗読しあっている。切れ切れに読み上げる音節の数からして、俳句にちがいない。

喉頭のクリック十七回——
日本語の詩一篇。
聞きもあえず息(や)む。

Zwischen Touristen
Steht ein Wandermönch, betend,
Den Hut tief im Gesicht.

18. Oktober 1999
Kyoto / Kiyomizu-dera

十月十八日、京都・清水寺

観光客のただなか
笠もまぶかに
祈る行脚僧ひとり。

Die riesigen roten Tore,
Tempel wie Schiffswerften groß –
Doch drinnen Ruhe.
Hier liegt Buddha auf Reede
Nach seiner Fahrt übers Meer.

18. Oktober 1999
Kyoto / Tô-ji
Ein Tempel mit fünfstöckiger Pagode. Erhabene Wirkung der Holzbauweise, die Hölzer so glatt poliert wie die Porphyrsäulen im Petersdom.

十月十八日、五重塔のある京都・東寺にて。木造の建築様式は気高い印象を与え、木は聖ペテロ大聖堂の柱の斑岩のように滑らかに磨かれている。

いかめしき朱塗りの門、
造船所と見紛う大伽藍——
されどその内には静けさ。
仏(ブッダ)はうなばらを渡り来て
この港に泊(は)てている。

Müll glänzt am Wegrand
Des gepflegten Viertels am Sonntag.
Die Krähe beäugt ihr Revier.

19. Oktober 1999
Tokyo / Shinjuku-ku

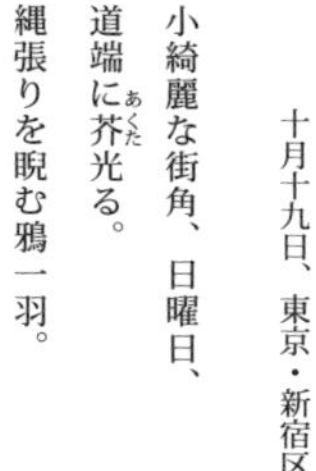
十月十九日、東京・新宿区

小綺麗な街角、日曜日、
道端に芥(あくた)光る。
縄張りを睨む鴉一羽。

Was soll das, du Gott
Der Menschlein – soviel Unglück
Auf einen Dichter gehäuft.
Kennt sie ihr Stiefkind, Frau Welt?
Auch das Verwaistsein ist Issa.

19. Oktober 1999
Tokyo / Akasaka Tokyu Hotel
Beim Wiederlesen von Issas »Die letzten Tage meines Vaters«

十月十九日、東京・赤坂東急ホテルにて一茶「父の終焉日記」再読

人の世を司る神よ、
ひとりの歌人（うたびと）にこれほどの不幸せを重ねるとは
いかなるおつもりか。
「世界」女史はおのれの継子を御存じか。
孤（ひと）りたること、これも一茶。

Ein Scherz das Ganze!
Selbst wenn er fliegt, der Vers,
Er bleibt, was er ist.

20. Oktober 1999
Tokyo / Akasaka Tokyu Hotel
Haikai bedeutet Scherz, scherzhaft.

十月二十日、東京・赤坂東急ホテル。俳諧は諧謔の意。

諧謔ひとつが全て。
飛ぶ時さえ
詩は詩。

Ganz fremd ist (und bleibt)
Solcherlei Verskunst dem Mann
Aus dem bergigen Holland.

20. Oktober 1999
Tokyo / Akasaka Tokyu Hotel

十月二十日、東京・赤坂東急ホテル

山深いオランダを出てきた俺には
かような詞芸（わざ）は
いつまでたってもとんと分からぬ。

So viele Jahre
Gegen den Strom geschwommen –
So bleibt man gesund.

21. Oktober 1999
Tokyo / Minato-ku

十月二十一日、東京・港区

永の年月（としつき）
流れに逆らい泳ぎつづければ——
丈夫（まめ）でいられるのも道理。

Den Füßen schmeichelt
Der Blindenpfad durch die Stadt,
Auch wenn man ihn sieht.

22. Oktober 1999
Tokyo / Hachikô

十月二十二日、
東京・ハチ公

盲いをみちびく径(こみち)、
見ていても
街中(ぢゅう)で足をくすぐる。

O ja, sieh nur zu,
Wie alles wirbelt um dich.
Sieh dich inmitten.
Sie bringt nur Neues hervor,
Diese veraltete Welt.

23. Oktober 1999
Tokyo / Kanda-Jinbô-chô

十月二十三日、東京・
神田神保町

おお、己(おのれ)を繞(めぐ)り
ものみなが渦巻くのを見よ。
ただなかの己を見よ。
この古き世界のもたらすは
新しきのみ。

Nicht *Ich denke* – hier
Sagt man *Mein Kopf hat gedacht.*
Mein Blut fließt aus mir.
Nicht *Ich blute. Ich sterbe.*
Ich, wer ist das? Mein Körper?

24. Oktober 1999
Tokyo / Akasaka Tokyu Hotel
Wie es aussieht, ist der Autor hier einer Fehlinformation aufgesessen. Das japanische Subjekt existiert und ist lebendig und munter. Dennoch scheint da von alters her ein gewisser Hang zu Passivkonstruktionen im Spiel zu sein. Die Frage, wer den Ton angibt, Leib oder Seele, gerät so mitunter leicht in die Schwebe. Aber auch dieser Eindruck mag täuschen.

十月二十四日、東京・赤坂東急ホテル。この句は誤った情報に引っかかって吟じてしまったようだ。日本語の主語は存在するし、元気である。ところがそこには古来、受身構文を好む傾向とも言うべきものがやはり潜んでいるらしい。霊と肉と、いずれが音頭取りかも曖昧にされがちである。このように受けとめてもまた誤るのかも知れぬが。

当地では「我思う」ではなく
「私の頭が思った」と言う。
「私から私の血が流れ出る」。
「私は血を流す、私は死ぬ」ではなく。
「私」とは誰か。わが肉か。

Pingpong im Hausflur.
Oder sind das die Schritte
Der Frau mit dem Tee?

25. Oktober 1999
Tokyo / Chuo University
Vor der Lesung Versammlung im Professorenzimmer.

十月二十五日、東京・
中央大学。朗読会前に
教授室で会合。

廊下での卓球。
若しくは
茶を汲む女（ひと）の歩みか。

Eine Ente zu essen
Heißt die Stadien durchlaufen,
In denen sie starb.

26. Oktober 1999
Tokyo / Nishi-ogikubo
Einladung in ein besonders altes, ehrwürdiges Restaurant, in dem man in Séparées hinter hölzernen Schiebetüren ißt – natürlich auf Reisstrohmatten, im Schneidersitz. Bedient wird man von der Chefin des Hauses selbst, einem gütigen Mütterchen Japan mit weißem Haar.

十月二十六日、東京・西荻窪。神さびた料亭に招かれる。ここでは木の引き戸で隔てられた個室で飯するのだ── 無論稲（いな）わらの席（むしろ）にあぐらをかいて。白髪の女将が親しく給仕。やさしい日本のおっかさんだ。

鴨を食うとは
鴨の死せる次第の段々を
辿る謂なり。

Tokyo am Morgen –
Nicht die schlafende Schöne,
Godzilla erwacht.

27. Oktober 1999
Tokyo / Schnellzug nach Narita
Fahrt zum Flughafen, um wie ein Mann von Welt dort die frisch Angetraute zu empfangen.

十月二十七日、東京。世馴れた男よろしく新妻（にいづま）を迎えるために急行で成田空港に向かいつつ

朝の東京──
眠れる美女ならぬ
ゴジラが目覚める。

Wohin willst du denn, Kopf?
He, was treibt ihr da, Füße?
Wir baden, du Arsch.

28. Oktober 1999
Shizuoka / Nippondaira Hotel
Rundumerneuerung durch ein Schaumbad vor dem Abendessen mit dem Präfekten der Gemeinde. Die versprochene Aussicht auf den nahe gelegenen Fuji-san fällt wegen starker Bewölkung aus.

十月二十八日、静岡・日本平ホテル。地域の長との晩餐を控え、すっかり綺麗になろうと泡風呂に入る。富士を近くに望めると請合ってくれていたのだが、雲が垂れこめて叶わなかった。

こら頭（あたま）、どこにゆく。
おい足、そこで何をする。
尻よ、風呂に入っているのさ。

Nach letzten Fischen
Echolotend durchpflügen
Sie wütend das Meer.

29. Oktober 1999
Shizuoka / Bucht von Suruga

十月二十九日、
静岡・駿河湾

一尾も洩らさじと
怒（いか）れる如く
海に音響探査をかけてゆく。

Eine Fischfabrik –
Fern der Fanggründe gehen
Die Schwärme vom Band.

29. Oktober 1999
Präfektur Shizuoka / Shimizu

十月二十九日、静岡県・清水

加工場——
群れなす魚が漁場のかなたで
ベルトコンベアから消える。

Schlafender Buddha,
Die Stirn voller Vogelkot.
Kein Platsch! weckt ihn auf.

30. Oktober 1999
Shizuoka / Nippondaira Hotel
Ein wiederkehrendes Traumbild von der
über und über bespritzten Buddhastatue.

十月三十日、静岡・日本平ホテル。糞まみれの仏像を繰り返し夢みる。

眠る仏、
額中に鳥の糞を頂いて。
ピチャリ！に覚めもせず。

So viele Götter …
Einmal kurz geklatscht, genickt,
Zufrieden ist der Gott,
»Vater-Unser« in Japan.
Schnell an die Arbeit zurück.

31. Oktober 1999
Eva in Shizuoka

十月三十一日、エーファ静岡に来たる

かくも多くの神々……
ちょいと柏手打って礼すれば
神様は御満足。
これが日本の「主の祈り」。
職場にとんぼ返り。

Ihr Chrysanthemen
Im Teppichmuster, spürt ihr
Meinen schlurfenden Gang?

31. Oktober 1999
Shizuoka / Nippondaira Hotel

十月三十一日、静岡・日本平ホテル

絨毯の模様に咲く
菊よ、
我が摺り足を感ずるか。

Das Auge dämmert
Im »Land der Zwischenfarben«.
Bei Rot schreckt es auf.
Wo immer der Kreis sich zeigt,
Schlägt die Pupille Alarm.

1. November 1999
Im Schnellzug von Shizuoka nach Kyoto

十一月一日、静岡から京
都へ特急で向かいつつ

「中間色の国」にては
目も夢うつつ。
赤で飛び起きる。
あの丸が出てくると
どこであろうと瞳が警鐘を鳴らす。

Furchtbar der Anblick
Der rohen Sonne. Im Krieg
Brannte halb China.

1. November 1999
Im Schnellzug – Shinkansen / Noch immer in rasender Fahrt

十一月一日、特急・新幹
線で疾走を続けつつ

あららかなる日の
恐ろしきさまよ。戦（いくさ）では
中国の半ばが焼けた。

Zurück in dein Hirn
Zog die Welt sich. Dort kommt sie
Als Wachtraum zu sich.

2. November 1999
Kyoto / Ryôan-ji

十一月二日、京都・龍安寺

世界は僕のあたまに
引っ込んだ。そして其処で我に返って
白昼夢になる。

Der Shôgun-Palast –
Ein Ensemble von Scheunen,
Gesehn von Versailles.

2. November 1999
Kyoto / Nijô-jô
Tausende Kilometer von der Zentrale des Sonnenkönigs entfernt, steht man vor den Zeugnissen eines ganz anderen Grand Siècle – und schämt sich seiner Empfindungen. Was hätten die Krieger der Tokugawa-Zeit in ihren Insektenpanzern wohl auf den Schlachtfeldern Europas für einen Eindruck gemacht?

十一月二日、京都・二条城。太陽王の居城を離ること千里、全く別の盛代の証の前に立つ――そしておのれの感覚を恥じる。昆虫の如くに鎧った徳川時代の武士たちがヨーロッパの戦場に現れたならば、いかなる印象を与えたであろうか。

将軍の御殿――
ベルサイユから見れば
納屋の寄せ集め。

Wiederaufgebaut hat
Das Teehaus des unbehausten
Der behauste Dichter.

2. November 1999
Kyoto / Konpuku-ji
Besuch im Gedenkhaus für den Dichter Buson, der in seinem Obergarten einen kleinen Teepavillon errichten ließ. Dort wurden, in Erinnerung an den Aufenthalt des berühmten Bashô am selben Ort hundert Jahre zuvor, Lesungen abgehalten. Mit Buson beginnt die Renaissance der Haiku-Dichtung im Geist des Gründervaters Bashô.

十一月二日、京都・金福寺。詩人・蕪村を記念する建物をたずねる。蕪村は庭の小高いところにこぢんまりした茶室を建てさせ、名高い芭蕉が百年前にそこを訪れたことを偲びつつ、句会を催した。創始者芭蕉の精神における俳句の復興は、蕪村において始まる。

栖(すみか)ある詩人、
栖なき詩人の茶室を
再建せり。

Wasser und Wolken
Ziehen wie immer dahin.
Selten noch Dichter.

2. November 1999
Kyoto / Konpuku-ji

十一月二日、京都・金福寺

水はさすらい、雲もさすらう、
むかしながらに。
詩人はもはや、さもあらず。

Selbst noch der Trinkhalm
Aus Plastik, zum Ausziehn, läßt,
Tastet die Hand ihn,
An den Bambusstamm denken.
Wonach schmeckt nur der Saft?

2. November 1999
Im Schnellzug von Kyoto nach Shizuoka

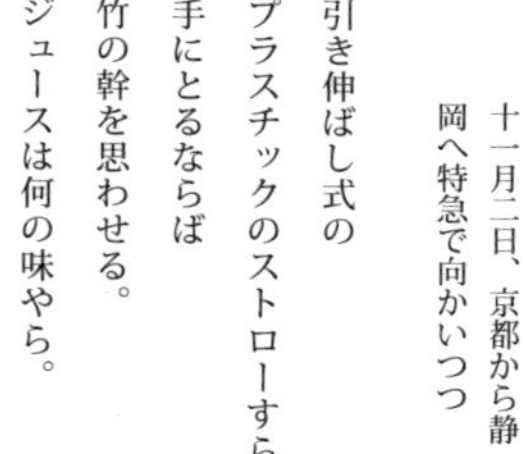

十一月二日、京都から静岡へ特急で向かいつつ

引き伸ばし式の
プラスチックのストローすら
手にとるならば
竹の幹を思わせる。
ジュースは何の味やら。

Wind sträubt das Gefieder
Der Bachstelze vorm Fenster
Des Hotelzimmers.
Kopfnickend sucht sie den Wurm,
Der sie satt macht für heute.

3. November 1999
Shizuoka / Nippondaira Hotel

十一月三日、静岡・日本平ホテル

ホテルの部屋の窓さきで
風に羽根を逆立てる
鶺鴒。
うなづきつつ
今日の腹を満たす芋虫を探す。

Zuckend die Lider
Plaudern den Preis aus, den Preis
Lebenslanger Geduld.

3. November 1999
Präfektur Shizuoka
Größer als anderswo scheint in Japan die Selbstdisziplin der Leute. Früh schon lernt man sich hier in Geduld und Zurückhaltung zu üben. Manchmal jedoch verrät ein Tic, ein nervöses Blinzeln, wieviel Kraft das kollektiv eingeübte Ansichhalten kostet. Die junge Frau in Shizuoka, Angestellte einer Veranstaltungsagentur, war nicht die erste, an der das Geheimzeichen auffiel.

十一月三日、静岡県。日本では、よそよりも人々の自制が大きいようである。この国では幼時から忍耐と遠慮とを学ぶ。しかし、神経質に目をしばたたくチックが、集団で叩き込まれた自制のためにどれだけの力が費やされるかを、しばしば洩らす。この暗号が目についたのは、企画事務所に勤める静岡の若い女性が初めてではなかった。

まぶたをふるわせつつ
価を洩らす。
一生の我慢という代価を。

Frisiert die Büsche,
Streng in Reihen gescheitelt.
So reift Grüner Tee.

3. November 1999
Präfektur Shizuoka
Einmal in Schwung gebracht von einem mehrtägigen Dichtertreffen mit Kettengedicht-Produktion – Renshi, häufen sich im Notizbuch die kurzen Einträge.

十一月三日、静岡県。数日間にわたり詩人が集った連詩興行に力を得、帳面には短い書き込みがたまってゆく。

理髪して
整然と列に梳き分けられた茂み。
緑茶はこうして出来る。

Manchmal zufrieden,
Ein Furz gegen die Brandung,
So ist er, der Mensch.

3. November 1999
Shizuoka / Am Meer

十一月三日、静岡の海辺

潮騒に向かって屁を放ち
心遣ることも稀ならず——
人とはかくの如きもの。

Erst in der Nacht ist der heutige Tag
Erwachsen geworden. Erst anderntags
Verjüngt sich der nächtliche Traum.

4. November 1999
Formlos zwischen den Städten

十一月四日、街と街と
の間にて自由律で吟ず

今日という日は夜が更けてから
大人になった。夜の夢はあしたになってから
若返るだろう。

Auch hier der Totenkopf?
An welchem Reisemantel
War dies der Knopf?

4. November 1999
Tokyo / Flohmarkt am Tôgô Jinja
Netsuke in Form eines Totenschädels.
Kaum gekauft, gleich wieder verschenkt.

十一月四日、東京・
東郷神社の蚤の市。
髑髏のなりをした根
付を買ったものの、
すぐ人にあげてしま
った。

ここにもされこうべか。
いずれの旅衣に
留められたボタンか。

Durch Freitod scheiden
Nach dem letzten Roman hier
Die Schriftsteller aus.
Dem Handwerk treu setzen sie
Den Schlußpunkt im Leben selbst.

4. November 1999
In memoriam Kawabata, Mishima…

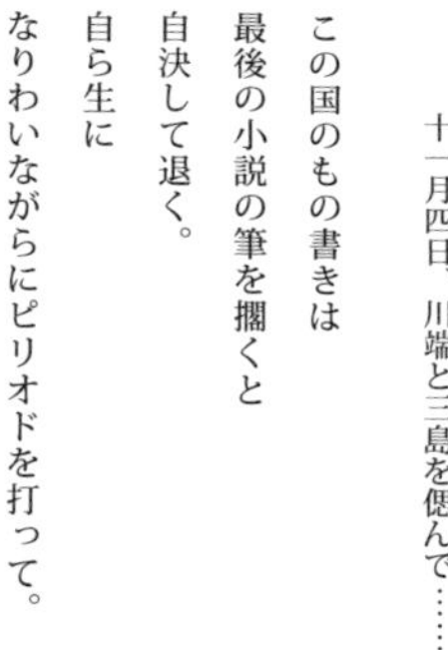
十一月四日、川端と三島を偲んで……

この国のもの書きは
最後の小説の筆を擱くと
自決して退く。
自ら生に
なりわいながらにピリオドを打って。

Aus Liebe zu Schubert
Hat sie Deutsch gelernt. Leise
Sagt sie Verzeihung.
Abends bringt sie den Sake,
Tags studiert sie Gesang.

5. November 1999
Tokyo / Sushi-Restaurant in Shinjuku-ku

十一月五日、東京・
新宿区のすし屋

シューベルトが好きで
ドイツ語を学んだ彼女は
「御免ナサイ（フェアツァイウング）」とささやく。
晩は酒を運び
昼は歌を学ぶ音大生。

Eis, Eis, nichts als Eis –
Unterm Flügel Polarkreis.
Für Stunden kein Trost.
Was im Schulatlas grau war,
Ist zum Grauen geworden.

6. November 1999
Rückflug von Tokyo über Sibirien

十一月六日、東京か
らシベリア上空を経
て帰る機内にて

ひたすら氷、氷、氷。
つばさの下は北極圏。
なぐさみ無き数時間。
学校の地図帳では灰色（グラウ）、
見おろせばおぞまし（グラウエン）。

Ununterscheidbar:
Sind wir über den Wolken
Oder darunter?
Schneewüste, wohin man sieht.
Erde, vom Frostwind gepflügt.

6. November 1999
Rückflug von Tokyo über Sibirien

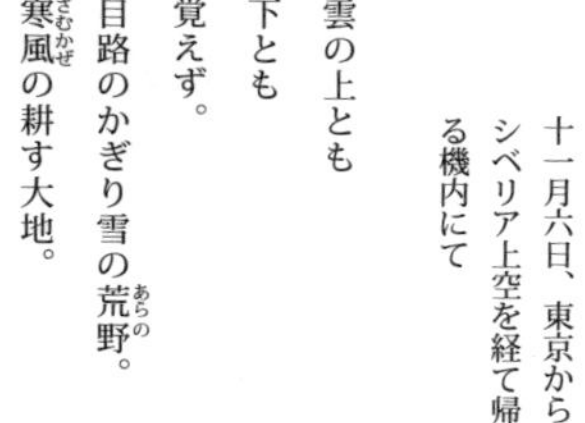

十一月六日、東京から
シベリア上空を経て帰
る機内にて

雲の上とも
下とも
覚えず。
目路のかぎり雪の荒野（あらの）。
寒風（さむかぜ）の耕す大地。

（大東京）　國事に殉せる英靈の鎮まる靖國神社
Yasukuni Shrine, Japanese Pantheon. (Greater Tokyo)

Regentropfen auf einem Brillenglas

Tagebuch einer Japan-Reise
am Ende der Regenzeit im Juni/Juli 2002

Für Jürgen Lenzko & Nobuo Ikeda

眼鏡に落ちた雨粒

二〇〇二年六月・七月、
梅雨明けやらぬ日本を旅した日録

ユルゲン・レンツコと池田信雄に

Drohend das Brausen
Vorm Hotelfenster draußen –
Kernkraftwerk Tokyo.

27. Juni 2002
Tokyo / Akasaka Excel Hotel

六月二十七日、東京・
赤坂エクセルホテル

宿の窓外は
とどろき凄（すご）む。
原子力発電所、東京。

Verbring ihn allein
Diesen Tag – du wirst sehen,
Wieviel länger er dauert.

27. Juni 2002
Tokyo

六月二十七日、東京

今日という日はひとりで過ごせ。
いかに日の延びるか
知れようもの。

Drei Jahre zuvor
Stand ich am *Schreienden Tor*,
Die Brandung im Ohr.

28. Juni 2002
Erinnerung an meine erste Reise nach Japan, das meerumspülte. Bei Tokushima stand ich an der Meerenge, die den Pazifik von der Inlandsee trennt.

六月二十八日、海に囲まれ洗われる国、日本に初めて旅したときを憶う。徳島の近くでは、内海を太平洋から分かつ瀬戸に立った。

さきおととし
鳴門に立ちき。
潮騒を耳に「叫ぶ門」に。

Wieviel er doch schluckt,
Der Fluß: Schildkröten, Karpfen –
Ein Fahrrad sogar.

29. Juni 2002
Tokyo / Am Kanda-Fluß, unterhalb des Ryûge-an
Hier setzte Bashô den ersten Schritt ins Dichterleben.
Damals war sein Künstlername noch Tôsei – »Grüner Pfirsich«.

六月二十九日、東京・神田川、芭蕉が詩人として歩みだした龍隠庵（りゅうげあん）のもとにて。当時芭蕉は未だ「青い桃」、桃青と号していた。

川がこれほど
呑むものか。亀、鯉、
はては自転車。

Abgeerntet sind
Die Bananen. Den Dichter
Hat die Schar seiner Schüler
Gründlich geplündert. Er selbst,
Hat er jemals gewohnt hier?

29. Juni 2002
Tokyo
Beim Anblick der Bananenstaude im Garten des Ryûge-an.

六月二十九日、東京、龍隠庵
の庭に植えられた芭蕉を見て

芭蕉（バナナ）はのこらず収穫された。
弟子が集（たか）り
詩人をすっかり食い物にした。
当人は
嘗てここに住んだのか。

Nicht Krieger, nicht Mönch
Doch der ewige Dritte –
Das ist der Poet.

29. Juni 2002
In memoriam Tôsei

六月二十九日、
桃青を偲んで

侍ならず、僧ならず、
永遠の第三者。
これぞ詩人。

Nachruf beim Whisky: »Fünkchen«, du warst eine Bar – Tränke der Künstler.

29. Juni 2002
Geschrieben für meinen Freund Nobuo Ikeda, an dem Abend, da seine Stammkneipe, das »Hinoko«, zum letzten Mal ihr Völkchen aus Dichtern, Komponisten, Malern, Professoren und Tänzerinnen empfing und die hagere Wirtin uns einen Zeitungsausschnitt überreichte mit dem Nachruf auf den legendären Versammlungsort im 3. Stock eines Hinterhauses im Viertel Shinjuku – »Requiem für eine Bar«.

六月二十九日、友・池田信雄のために、彼の行きつけの酒場「火の子」閉店の晩に吟ず。新宿界隈の裏手のビルを四階まで昇ったところにあるこの伝説の溜まり場は、作家、作曲家、絵描き、大学教授、踊り手などの常連を、その日を限りに迎え、痩せこけたママは店の消滅を悼む新聞記事をわれわれに渡してくれた。「バーにささげる挽歌」。

ウイスキーを手に弔す。
「火の子」よ、汝はバーなりき。
芸術家の飲料(のみりょう)なりき。

Das harte Kissen
Im Nacken, träume ich schwer,
Geliebte von dir.

30. Juni 2002
Akasaka Excel Hotel

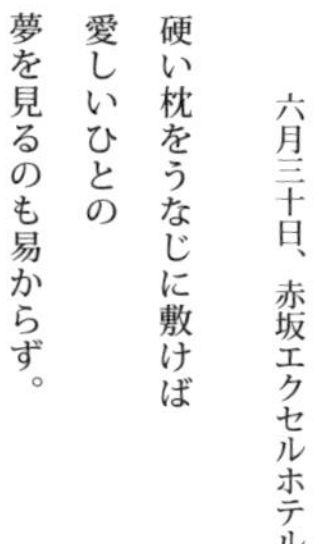

六月三十日、赤坂エクセルホテル

硬い枕をうなじに敷けば
愛しいひとの
夢を見るのも易からず。

Unterm Schulatlas
Versteckt das Blatt, spielten wir
»Schiffeversenken«.

30. Juni 2002
Blick auf die Tokyo-Bucht aus dem Flugzeug
Da unten der Schiffsverkehr eines Landes,
dessen Flotte zu den größten der Welt zählt.

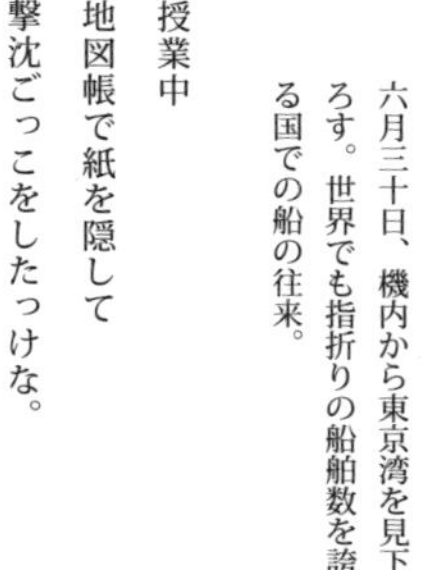

六月三十日、機内から東京湾を見下ろす。世界でも指折りの船舶数を誇る国での船の往来。

授業中
地図帳で紙を隠して
撃沈ごっこをしたっけな。

In Hiroshima
Die schwerste Zen-Übung ist:
Nicht *daran* denken.

30. Juni 2002

六月三十日

広島で一番難しい
禅の行は
「彼（か）のことを思う勿れ」

Blaue Hortensie,
Auch du, unverwüstliche,
Bist wiedergekehrt.

30. Juni 2002
Hiroshima

六月三十日、広島

紫陽花（あじさい）よ、
不屈の花よ、
汝（なれ）も戻れり。

Die Luft ist rein jetzt.
Dem blanken Himmel sieht man
Die Wolke nicht an.

30. Juni 2002
Hiroshima

六月三十日、広島

空気は澄んだ。
かがやく天に
雲の影は見て取れぬ。

Lady from Kiew,
Why do you dance in Japan
On a table, barebreasted,
Your tanga-slip stuffed with Yen?
»*Shitsurei*. Globalization…«

30. Juni 2002
Hiroshima / Bar »Big Box«
shitsurei heißt soviel wie: »Vergib mir«,
ursprünglich: »Ich hab meine Tugend verloren.«

六月三十日、広島のバーBig Box。
シツレイは「御免なさい」の意、
「私は礼を失しました」が原義。

キエフ女よ、
なぜに日本でスリップに
円札詰めて卓上で
胸乳かき出で踊るのか。
「シツレイ。グローバリゼーション……」

»Hast du heut schon gelacht?«
Steht auf dem Untersetzer.
Der Barkeeper grinst.

30. Juni 2002
Hiroshima
Spätnachts.

六月三十日深更、広島

「今日はもう笑ったかい」と
グラス受けにあり。
にたつくバーテン。

Das hölzerne Tor
In der Bucht von Miyajima –
Ein rotes *kanji* im Meer.

1. Juli 2002
Miyajima
kanji sind die chinesischen Schriftzeichen im Japanischen.

七月一日、宮島。漢字は日
本語に含まれる中国文字。

宮島の江に
木の門が立つ。
海に浮かぶ赤い漢字。

Gütiger Nebel –
Altjapanische Formen
Zaubert er aus Beton.

1. Juli 2002
Blick von der Götterinsel Miyajima hinüber zum Festland mit Hochhäusern wie überall auf der Welt.

七月一日、神々の島、宮島から、ビルが立ち並ぶ、世界中どこにでもありそうな光景の陸を見やりつつ

情け深い霧。
コンクリートから
古い日本を捻りだしてくれる。

Pro Tag schluckt die Auster
Zweihundert Liter Wasser.
Nur für mich, für dich.

1. Juli 2002
Austernboote in den Gewässern vor Miyajima.

七月一日、宮島の海の牡蠣舟

牡蠣は日に
二百リットルの水を飲む。
僕と君のためにだけ。

Regenzeit, Schwüle –
Selbst Versemachen fällt schwer.
Keine Scherze mehr ...

1. Juli 2002
Miyajima

七月一日、宮島

蒸し暑い梅雨。
詩作の筆まで重い。
俳諧(しゃれ)にならない……

Der Baumfriseur schüttelt
Vom grünen Umhang die Nadeln.
Fertig die Kiefer.

2. Juli 2002
Miyahama Onsen / Ryokan »Sekitei«

七月二日、宮浜温泉の旅館、石亭

樹の床屋が
緑の筒袖から針葉を払う。
松の出来上がり。

Manch Haiku entstand
An dem stillsten der Örtchen,
Im Zedernholz-Klo.

2. Juli 2002
Ryokan »Sekitei«
Nach dem Lesen von Tanizakis »Lob des Schattens«.

七月二日、旅館石亭にて
谷崎「陰翳礼讃」読後に

閑寂を極めた一隅が
少なからぬ句を生んだ。
杉づくりの厠（かわや）。

Kopf oder Zahl – kratz
Wie du willst mit der Münze.
Hazure heißt Niete.

2. Juli 2002
Ausgerechnet in Hiroshima schenkte eine freundliche ältere Japanerin dem Reisenden ein sogenanntes Rubbel-Los.

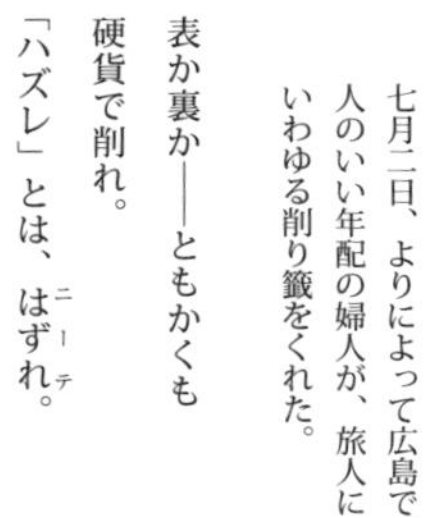
七月二日、よりによって広島で、
人のいい年配の婦人が、旅人に
いわゆる削り籤をくれた。

表か裏か——ともかくも
硬貨で削れ。
「ハズレ」とは、はずれ（ニーテ）。

Plötzlich die Wehmut –
In der Garküche die Wirtin
Sah aus wie Mutter.

2. Juli 2002
Hiroshima

七月二日、広島

ふと哀しい。
食堂のおかみが
おふくろに見えた。

Hier laß uns beten
Im größten der Warentempel,
Mon frère Baudelaire.

2. Juli 2002
Tokyo / Ginza
Kurz vor Ladenschluß nachts.

七月二日、夜の東京・銀座で店じまい前に

大いさ並ぶもの無き
この百貨の伽藍で祈ろう、
わが友ボードレールよ。

Du selbst seinerzeit
Im Gewimmel der Rikschas
Hast hier gestanden.

2. Juli 2002
Déjà-vu-Erlebnis am selben Ort.

七月二日、同じ
場所で既視体験（デジャ・ヴュ）

己（おのれ）はそのかみ
此処に立った。
人力車で混むただなかに。

Vergiß es, mein Freund.
Nur nicht nostalgisch werden
Im vierzigsten Jahr.

2. Juli 2002
Etwa 15 Minuten später.

七月二日、約十五分後

忘れよ、わが友。
不惑にして
ゆめ懐しむなかれ。

Den Kopf verdrehn muß,
Wer in der U-Bahn sein Ziel
In Römisch nur lesen kann.
Kein *kanji* blickt da zurück
Unter gesenkten Lidern.

2. Juli 2002
Tokyo / Ginza Line

七月二日、東京・銀座線

地下鉄車内で
行き先をローマ字でしか読めぬ者は
首をねじらねばならぬ。
伏せた目から
漢字が見返すことはない。

Um die Lippen spielt
Ein ironisches Lächeln.
Erinnert er sich?

3. Juli 2002
Zu Besuch beim Großen Buddha von Kamakura.

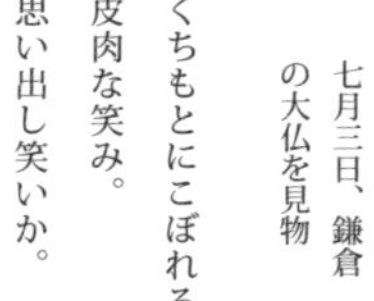

七月三日、鎌倉
の大仏を見物

くちもとにこぼれる
皮肉な笑み。
思い出し笑いか。

Glänzenden Auges
Sind wir vorm Regen geschützt
Im Innern Buddhas.

3. Juli 2002
Kamakura

七月三日、鎌倉

目を輝かせ
仏の腹中(はらなか)に
雨を避(よ)く。

Gespenstisch ruhig liegt –
Nicht zu sehn, nur zu hören,
Im Nebel das Meer.

3. Juli 2002
Küste bei Kamakura

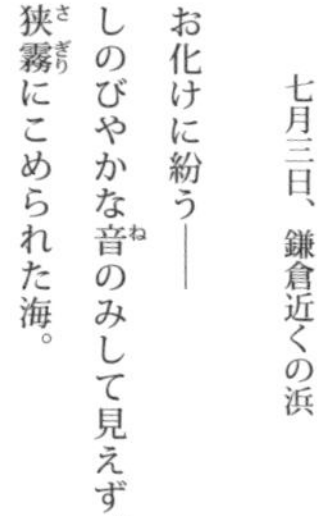

七月三日、鎌倉近くの浜

お化けに紛う——
しのびやかな音(ね)のみして見えず。
狭霧(さぎり)にこめられた海。

In Reih und Glied stehn
Die lieben Kleinen vorm Schrein.
Die Erde ließ sie nicht sein.
Kein Stimmchen hört man hier flehn,
Keines, das bitterlich weint.

3. Juli 2002
Kamakura / Jizô-dô
Nach buddhistischem Brauch in Japan stellt man für die abgetriebenen Kinder, für die Totgeborenen und die frühverstorbenen Säuglinge kleine Statuen des Bodhisattva Jizô auf.

七月三日、鎌倉の地蔵堂。日本の仏教では、堕ろした子、死産の子、夭死した赤子らのために小さな地蔵菩薩像を立てるならわしがある。

御堂（みどう）のまえに整列する
若児（わかご）たち。
地はかれらを置かなかった。
ここには訴える声は聞こえず。
叫び泣く声は聞こえず。

Eigens für uns dreht
Seine Runden der Habicht,
Ein Luft-Polizist.

3. Juli 2002
Kamakura / Hase-dera

七月三日、鎌倉・長谷寺

われらのためとて
廻（めぐ）る大鷹。
空の巡査。

Geduldiges Buch –
Vor drei Jahren schon streifte
Der Blick dich am selben Platz,
Auf demselben Regal dort.
Komm jetzt nach Hause mit mir.

4. Juli 2002
Tokyo / Jinbô-chô
Der »Büchmann« ist bis heute das Standardwerk der gesammelten Sprichwörter im Deutschen. Vor drei Jahren sah ich die Originalausgabe des alten Zitatenlexikons in einem Tokyoter Antiquariat. Nun stand es noch immer da, unberührt, wie der Staub auf dem Buchblock verriet.

七月四日、東京・神保町。»Büchmann«は今日に至るまで、ドイツ語格言集の規範の地位を保っている。三年前、私は東京の或る古本屋で、引用句を集めて作った、この古くからある辞典の初版本を見かけた。このたび来てみると、同じ所にある。本の天に積もったほこりからして、誰も手を触れていない。

辛抱づよい本――
棚もあの棚、
場所もあの場所にいるお前を
目がかすめたのは三年（みとせ）のむかし。
帰りなんいざ、連れ立ちて。

Der Wecker nimmt dir
Den falschen Albtraum – im Tausch
Gegen den echten.

5. Juli 2002
Capitol Tokyu Hotel
Am frühen Morgen der Abreise.

七月五日、旅立ちの日の朝まだき、
キャピトル東急ホテルにて

目覚ましが
にせの悪夢を奪う――
まことの悪夢と引き換えに。

Man lud dich hier ein
Zum Preis einer Teedose.
Gern bist du gefolgt.

5. Juli 2002
Narita Airport bei Tokyo

七月五日、東京・成田空港

この国には
茶入ひとつの価で招かれた。
喜んで応じた。

Verloren sind wir
Und finden uns jeden Tag
Wieder in Tokyo.

5. Juli 2002
Der unbekannten mongolischen Shamisen-Spielerin, die uns erzählte, wie sie vor drei Jahren von Ulan-Bator nach Tokyo gekommen war, um hier ein neues Leben anzufangen.

七月五日、東京で新たな人生を始めるために、ウランバートルから三年前にやってきた様子を語ってくれた、無名の三味線弾きのモンゴル人女性に

東京で
日ごとに途方に暮れては
立ち直る我ら。

[Tokyo – Kopenhagen]

Da liegt sie, unterm Triebwerk ausgestreckt im Sund,
Die Brücke zwischen Dänemark und Schweden.
Das Flugzeug sinkt, dreht zögernd eine letzte Runde.
Noch einmal lauscht man, hört Japanisch reden.

Dann hat Europa dich, die rauhe Schöne, wieder.
An ihren Rändern Gischt – da reifen Wellengarben.
Es heben, feingeädert, sich verschlafne Lider,
Und graublau glänzen ihre Augen – ostseefarben.

Weit weg, ein Zukunftstraum, ist nun der Ferne Osten,
Der Greenwich-Zeit, der retardierenden, voraus.
Der Birke gleich am Rollfeld, auf verlornem Posten,
Stehst du vorm Paßbeamten stumm, endlich zuhaus.

[Für Yûji Nawata]

（東京――コペンハーゲン）

エンジンのした、大門（おおと）にのびる。
デンマークとスウェーデンとをつなぐ橋が。
沈む機がためらいつつする最後の旋回。
いまひとたび日本語に耳を欹（そばだ）てる。

いまこそヨーロッパが、荒き麗人が、僕の帰りを迎える。
縁（ふち）には潮煙――波の穂が熟れる。
こまやかな血脈の透くまぶたが寝ぼけて上がり
眼が青ねずみ色にかがやく――東の海の色に。

おくれがちなグリニッジ時にさきがける
未来の夢、極東は、いまやはるか。
滑走路の白樺めいて、分も悪く黙（もだ）し
入国審査官の前に立つ。遂に帰国。

（縄田雄二に）

Lob des Taifuns

Tagebuch eines Blitzbesuches
im Mai/Juni 2003

颱風頌

二〇〇三年五月・六月における電撃的訪問の日誌

Erst das Blau, das Grau
Macht den offenen Himmel
Sichtbar, die Leere.

27. Mai 2003
Beim Anflug auf Narita
»Ohne *Iro* kein *Ku*« lautet eine von Martin Heidegger dem Japanischen zugeschriebene Formel, die den Verkehr zwischen der sinnlich wahrnehmbaren und der metaphysischen Welt regelt. Auf deutsch etwa: »Farbe ist Leere, Leere ist Farbe.« Sie wird zitiert in einem *Gespräch von der Sprache*, das der Philosoph einst mit einem japanischen Germanisten führte.

五月二十七日、成田に向かって着陸態勢に入りつつ。「色無くして空無し」とは、形而上の世界と形而下の世界との交わりをつかさどる、哲学者マルティン・ハイデガーによれば日本語の文句である。ドイツ語では「色即是空、空即是色」と言えば近かろう。ハイデガーが日本の独文学者と交した「言葉についての対話」に引かれている。

そらを、空を、
見えさせるのは、
空色と灰色。

Tausende Blicke
Beim Durchqueren des Fischschwarms.
Doch keiner galt dir.

28. Mai 2003
Tokyo / Shinjuku-ku

五月二十八日、東京・新宿区

魚（さかな）のむれを横切れば
千のまなざし。
されどひとつも我を見ず。

Frischer Knoblauchduft
Zieht durch den Bambusgarten.
Der Koi schnappt nach Luft.

28. Mai 2003
Tokyo / Hotel New Otani

五月二十八日、東京・ホテルニューオータニ

竹園に
にんにくの香（か）が流れる。
鯉が空気をぱくつく。

Golfspieler zappeln
Im grünen Schmetterlingsnetz
Am Dach des Hotels.

29. Mai 2003
Tokyo / Hotel New Otani

五月二十九日、東京・
ホテルニューオータニ

ホテルの屋上、
緑の虫捕り網のなか、
ゴルフする人がもがく。

Das Ich aufgelöst,
Indifferent die Natur:
Willkommen, Haiku.

29. Mai 2003
Tokyo / Im Halbschlaf
Flüchtige Notiz eines Europäers, der sich seit Jahrzehnten bemüht, dieses Rätsel Haiku zu verstehen. Geschrieben nach einem Gespräch mit dem Dichter Takashi Hiraide, von dem der Versuch einer mathematischen Formulierung des Haiku-Paradoxons stammt: a – b*i*. Ein Haiku ist die Differenz aus einer reellen Zahl *a* (die für alles Naturhafte steht: Landschaften, Lebewesen, Jahreszeiten, Witterung usw.) und einer nichtreellen Zahl b*i* (die für den Menschen steht, das flüchtige, unwirkliche Subjekt).

五月二十九日、東京にてまどろみつつ。この俳句という謎を理解すべく長年努めているヨーロッパ人が、詩人平出隆と話したあとに走り書きした覚書。平出は、俳句の逆説をa-b*i*として数式化することを試みた。ひとつの句は、実数 a（景色、生き物、季節、天気など自然全般を表す）から虚数 b*i*（人間という、はかなく虚しい主体を表す）を引いた差というわけだ。

自我は瓦解、
自然は知らぬ顔。
俳句よ、ようこそ。

Ich aber lebe.
Von wegen *Stirb und Werde.*
Man stirbt nur einmal.

29. Mai 2003
Fortführung des Gedankens im Sinne Issas.

五月二十九日、考えを
一茶の精神で進めて

しかし俺は生きている。
「死して成れ」なぞ滅相もない。
人は一度しか死なない。

Um Brahms zu spielen,
Braucht man sehr große Hände.
Sie sagt es und seufzt.

30. Mai 2003
Tokyo / Jinbô-chô
Der Übersetzerin gewidmet, die mich einen halben Tag lang in Tokyo herumführt und mir von ihren Fortschritten im Klavierspiel erzählt.

五月三十日、東京・神保町。
半日の東京案内をしながらピ
アノの腕前の上達を語ってく
れた翻訳家に

ブラームスを弾くには
本当に大きな手が要るの。
と嘆く。

Zwei Raben kämpfen
Wo sie eng wird, die Straße.
Luftkrieg in Tokyo.

30. Mai 2003
Tokyo / Akasaka

五月三十日、東京・赤坂

ほそる道で
二羽のからすが争う。
東京での空軍戦。

Auf engstem Raum macht
Der Obdachlose sich breit.
Bescheiden auch er.

30. Mai 2003
Tokyo / Asakusa

Der Mann schob sein Hab und Gut, in zerbeulte Werkzeugkisten verpackt, auf einem Wägelchen quer durch den berühmten Asakusa-Schrein mit dem Bodhisattva Kannon im Innern, bevor er sich seinen Rastplatz suchte, am Rande des Tempelbezirks, an der Rückseite einer belebten Einkaufsstraße, exakt in dem schmalen Durchgang zwischen zwei Lieferanteneingängen.

五月三十日、東京・浅草。男は、へこんだ道具箱に全財産をしまいこんで小車(おぐるま)に載せ、御堂(みどう)に観世音菩薩を祀った、名にし負う浅草観音を横切って輓(ひ)き、寺の界隈の片隅、にぎやかな買物通りの裏、ふたつの商品納入口のあいだの細い通路を選んで、休みどころとした。

宿無しが
狭さの極みで幅をとる。
彼も慎み深い。

Stahlgraue Wolken.
Er führt den Flottenverband,
Zerstörer Taifun.

31. Mai 2003
Tokyo
Am anderen Morgen.

五月三十一日、明くる朝東京にて

はがね色の雲々。
荒ぶる野分の
率いる艦隊。

Im Rinnstein schwimmt, schau:
Eine einzelne Nudel.
Der Regen kocht Suppe.

31. Mai 2003
Tokyo / Sakuradai

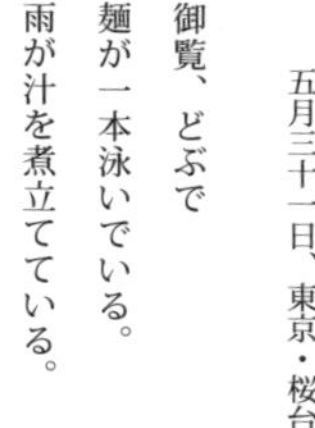
五月三十一日、東京・桜台

御覧、どぶで
麺が一本泳いでいる。
雨が汁を煮立てている。

Vom Regen durchweicht,
Die Schuhe gehn auseinander.
Ein Paar, das sich trennt.

31. Mai 2003
Tokyo
Von Pfütze zu Pfütze springend, unterwegs
zum Yasukuni-Schrein.

五月三十一日、東京。水溜りを伝
いつつ靖国神社へ向かいながら

雨にくたされ
靴が割れる。
妹背のきぬぎぬ。

Was wolltest du dort
Bei den Verdammten im Schrein?
Nur noch das Mütterchen weint
Um den Selbstmordflieger vor Ort.
Der Krieg ist vorbei.

31. Mai 2003
Tokyo / Yasukuni Jinja

五月三十一日、東京・靖国神社

何せんと俺は
死に赴かされた者たちを社（やしろ）におとなったのか。
特攻隊員のもとで哭するのは
もはや小さい母のみ。
戦（いくさ）は果てた。

Dieses Leben, Mensch,
Wirst du nicht überleben.
Murmelt der Regen.

31. Mai 2003
Tokyo / Hongô

五月三十一日、東京・本郷

人間よ、お前は
お前の生より長生きはできぬ。
と雨がつぶやく。

Plötzlich das Rascheln –
Tausende Meilen entfernt,
Wenn sie sich auszieht.

1. Juni 2003
Tokyo / Hotel New Otani
Die Zeitverschiebung bewirkt, daß ich mitten im Traum erwache, gegen sechs Uhr am Morgen. Während es draußen in Tokyo hell wird, legt in Berlin die Gefährtin sich schlafen. Da kommt einem der vielbeschworene *Schmetterlingseffekt* aus dem Fundus der Chaos-Theorie in den Sinn. Und eines der schönsten Haikus, ein Klassiker, geht so: *Nugi-kakuru / Haori sugata no / Kochô kana!* – »Das bunte Gewand / Von den Schultern gleitend, gleicht / Einem Schmetterling.«

六月一日、東京・ホテルニューオータニ。時差のせいで、朝六時頃、夢のさなかに目が覚める。東京の街が明るむころ、ベルリンでは吾妹（わぎも）が床に就く。カオス理論に基づく、評判の「蝶効果」が思い浮かぶ。名句に「脱ぎかくる羽織姿の胡蝶かな」と。

ゆくりなく
千里を隔て衣擦れを聞く。
彼女が帯を解くときに。

Die Sekunde schmilzt
Wie unterm Strahl der Duftstein.
Der Schneekristall Zeit.

1. Juni 2003
Tokyo / Akasaka
Der Kopf schwirrt von Gesprächen über Goethe, Hafis, Buddha, Humboldt, Japan, Gott und die Welt. Kurzes Aufatmen, allein, auf der Toilette eines Sushi-Restaurants, in irgendeinem verborgenen Winkel dieses Planeten, der unterm täglichen Bevölkerungswachstum ächzt.

六月一日、東京・赤坂。ゲーテ、ハーフィズ、ブッダ、フンボルト、日本、神、世界についての会話で目が回る。人口の日ごとの増加に喘ぐこの惑星の片隅、寿司屋のはばかりで、ひとり一息つく。

秒が溶ける、
輝くなかで消臭剤が融ける如くに。
時は雪の結晶。

Ich weiß, es war Brauch,
Vorm Tod das Abschiedsgedicht.
Eh er ihn aufschlitzt, den Bauch,
Der Samurai hält Gericht.
Du aber lebst, rauchst.

1. Juni 2003
Tokyo / Hotel New Otani
Geschrieben nach der Lektüre einer Studie über den rituellen Selbstmord im Alten Japan. Es war üblich, vor dem Freitod ein Abschiedsgedicht (*jisei*) abzufassen.

六月一日、東京・ホテルニューオータニ。昔の日本における自決についての研究を読んで。自害の前には辞世を詠むならわしであった。

辞世を詠むならいは
承知。
腹を切るまえに
さむらいが裁きを下すのさ。
俺はだが生きている、タバコをふかしている。

Die beiden Gangster –
Niemand sprach lauter als sie.
Zwei Elstern im Streit.

2. Juni 2003
Tokyo / Omote-sandô
In einem Nudelrestaurant am Rand der Boutiquenmeile saßen zwei Kleinkriminelle am Nebentisch, mit ihren Golduhren spielend, breitbeinig in Schlappen, ins Handy schreiend, großkotzig, Kokser. Und hinter vorgehaltener Hand höre ich meine Begleiterin flüstern: »Yakuza.«

六月二日、東京・表参道。ブティック街の外れのそば屋で、隣に二人のちんぴらが座っていた。金時計をもてあそび、サンダル履きの足を広げ、携帯電話で大声で話す、麻薬中毒のほらふきである。連れの女性が手で口を覆い「やくざ」とささやいた。

二人のギャング、
誰よりも声高。
いさかう二羽のかささぎ。

Zäh fließt der Verkehr.
Fahrräder schlängeln sich durch.
Zweierlei Menschheit.

2. Juni 2003
Tokyo / Akasaka

六月二日、東京・赤坂

滞る車。
自転車がすりぬける。
人間は二種類。

Nebenan Beischlaf.
Ein Käuzchenschrei in der Nacht.
Die Frau bäumt sich auf.

2. Juni 2003
Tokyo / Hotel New Otani
Es macht einen seltsam traurig, das Ohr an die Wand gepreßt, ein kopulierendes Paar zu belauschen. Im eigenen Inneren hallen die kreatürlichen Laute der anderen nach, und wir spüren, wir sind mit ihnen verbunden und zugleich ausgeschlossen von ihren Freuden. Schon raunt das Ressentiment: »Was soll's? Eine Geisha quält sich mit ihrem schwitzenden Freier ab.«

六月二日、東京・ホテルニューオータニ。壁に耳を当て男女の契りを窃み聴いていると、妙に悲しくなる。他人の立てる動物的な音がおのれの中に響き、彼らと結ばれていながらも、彼らの悦びからは締め出されているのを感ずるのだ。やきもちが早速つぶやく。「何を、それがどうした。芸者が汗だくの客を相手に苦戦しているのさ。」

枕交わすお隣。
小夜（さよ）にちいさなみみづくが鳴く。
女がのけぞる。

Weißer Spitzensaum
Am Strand von Kamakura.
Das Meer winkt Lebwohl.

3. Juni 2003
Schon auf dem Rückflug.

六月三日、帰国の空路に就いて

鎌倉のなぎさに
レースの縁飾り。
海が手巾（ひれ）振る。

090-1755-8066

Stunden im Schneidersitz

Tagebuch eines Japan-Besuches
im Oktober/November 2005

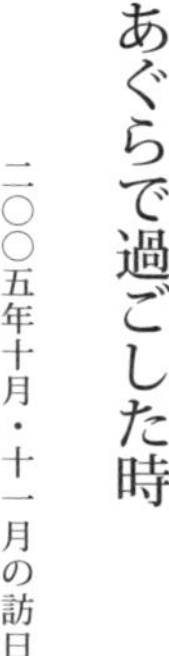

Woher die Klarheit?
Mitten im Versemachen
Durchkreuzt sie das Spiel.

28. Oktober 2005
Beim Eindringen in den japanischen Luftraum
seiyû ist ein altjapanischer Ausdruck für Dichten. Das Wort setzt sich zusammen aus den beiden Schriftzeichen für »sei«, das für klar steht, sauber, rein, und »yû«, das soviel wie Spielen bedeutet, Müßigsein, in Bordellen verkehren. Kombiniert ergibt es: ein elegantes Vergnügen – wie eben das Versemachen.

十月二十八日、日本領空にさしかかって。清遊とは、詩作を意味する古い日本語である。「清」（澄んでいる、清い、けがれが無無い）と「遊」（遊ぶ、閑居する、廓に通う）とから成り、熟語としてはみやびな楽しみを指す――例えば詩作のような。

詩作のただなか、
いづこより来たれるにか、
「清」が「遊」をよぎる。

Sauber gescheitelt,
Vor dem Fremden verbeugt sich
Das halbe Foyer.

28. Oktober 2005
Tokyo / Toshi Center Hotel
Von der Höflichkeit der Japaner ist viel die Rede. Sie ist hart einstudiert und ihrer Herkunft nach Zeremonialität, selbst noch in der standardisierten Form, wie sie das allgegenwärtige Personal zeigt in den Schnellzügen, Kaufhausketten und Interhotels.

十月二十八日、東京・都市センターホテル。日本人の慇懃ぶりについては多くが語られている。それは叩き込まれたものであり、由来からして儀礼的である。急行列車や大手百貨店や国際ホテルのなか、至るところにいる従業員が見せる、規定通りの振る舞いすらそうなのだ。

ロビーの半ばが
髪をすき分け
外つ国人の前で辞儀する。

Ahornrot leuchtet
Zwischen den Hochhausfronten
Der Quadratmeter Park.

28. Oktober 2005
Tokyo

十月二十八日、東京

高層建築の向き合うはざまで
紅葉色に照る
方丈の公園。

Kind in der U-Bahn –
Mit dem Krachen der Türen
Erstrahlt sein Gesicht.

28. Oktober 2005
Tokyo / Hanzomon Line
Man sieht keine Kinderwagen in diesen Tiefen, nur hin und wieder ein Neugeborenes im Körbchen oder auf dem Rücken der Mutter.

十月二十八日、東京・半蔵門線。ここまで深く降りると乳母車は見ない。揺り籠にゆられ、或いは母親におぶわれた赤ん坊が折節目に触れるのみである。

地下鉄に乗る子。
扉の立てる音に
顔を輝かせ。

Eiskalt am Bahnsteig
Grüßt eine Plastikflasche:
Köstliches Grün.

29. Oktober 2005
Tokyo / Omote-sandô
Seit den Giftgas-Attentaten der Aum-Sekte im Jahre 1995 hat man in den Tokyoter U-Bahnen alle öffentlichen Mülleimer von den Bahnsteigen entfernt. Irgendein Witzbold hatte sich hier, nachdem er seinen Grünen Tee ausgetrunken hatte, des Leerguts entledigt, indem er es exakt an der Bahnsteigmarkierung abstellte.

十月二十九日、東京・表参道。一九九五年にオウム真理教団が毒ガス謀殺事件を起こして以来、東京の地下鉄のプラットホームからは公のごみ箱がのこらず撤去された。飲み干した緑茶の瓶を始末するのに、ホームの標識のところを選んで打ち置いたのは、いかなる剽軽者か。

プラスチックの瓶が
プラットホームで冷たく会釈する。
妙（たえ）なる緑。

Grimmig der Dämon
Schwingt am Eingang den Sturmwind.
Bleib draußen, Idiot!

29. Oktober 2005
Tokyo / Zenkô-ji
Inmitten des Boutiquenviertels von Omote-sandô lockt ein Tempel so manche Louis-Vuitton-Lady ins Abseits. Die plötzliche Stille nach dem Konsum.

十月二十九日、東京・善光寺。表参道のブティック街のただなかに立つ寺が、ルイ・ヴィトンで装ったあまたの女たちを脇に誘い込む。消費のあとのだしぬけの静寂。

魔性が怒（いか）り
門で大風を吹かす。
たわけものめ、去れ。

»I will loose my job«
Sagt die Schneiderin, lächelnd.
Hier wird nicht gefeilscht.

29. Oktober 2005
Tokyo / Oriental Bazaar

十月二十九日、東京・
オリエンタルバザー

お針子が笑んで
»I will lose my job«
ここでは値切りは無用。

Was macht die Chronik?
Denkt sie im stillen und sagt:
»Schon zwei Tage um.«

30. Oktober 2005
Tokyo
Beim Wiedersehen im Fischrestaurant wirft die deutsche Buchkünstlerin V. S., mittlerweile hochschwanger, auf mein Reisetagebuch einen vielsagenden Blick.

十月三十日、東京。見ぬうちに臨月間近になっていたドイツ人の造本家V・Sは、再会した魚料理屋で、わが道中記に含みのあるまなざしを向けた。

日記はいかが。
静かに案じて彼女は言う。
「もう二日過ぎたわ」

Wer kommt da gehinkt?
Achtung, Girlies in Gruppen!
Auf Kothurnen und grell geschminkt,
Gesichter wie Manga-Puppen,
Bis unters Haar pink.

30. Oktober 2005
Tokyo / Hachikô
Es gibt einen Platz in Tokyo, den keiner vergißt, der ihn einmal gesehen hat. Dort tummelt zu Abertausenden sich junges Volk, flirtet und schwärmt umeinander wie Motten im Lichtdunst der Flutlampen und Großbildschirme.

十月三十日、東京・ハチ公。東京には、ひとたび目にすれば忘れられぬ広場がある。そこでは幾千もの若者がはしゃぎ、いちゃつき、群れている。投光器や巨大画面の放つ、けむるような光に集まる蛾と択ぶ所が無い。

足をひいて来るのは誰。
気をつけろ、群れた女子（おなご）どもだ。
厚底靴を履いて、派手に化粧し
漫画じみた木偶（でく）みたような顔で
髪の根までピンク。

Traurig der Anblick
So vieler blutjunger Menschen.
Der Grauwolf bist du.

30. Oktober 2005
Tokyo / Shinjuku

十月三十日、東京・新宿

夥しき若者を見れば
切なし。
我は鈍色（にびいろ）の狼。

Der Fahrstuhl spielt Brahms.
Dann steigt Typ Schulmädchen zu.
»Mit Näglein besteckt …«

31. Oktober 2005
Tokyo / Toshi Center Hotel
Nicht immer läßt sich genau sagen, welchen Beruf manche der verkleideten Frauen ausüben, die in den Hotels aus und ein gehen.

十月三十一日、都市センターホテル。ホテルに出入りする、扮装した女たちの多くは、いかなる仕事に携わっているのか、必ずしも釈然としない。

エレベーターでブラームスがかかっている。
そこに女子高生タイプが乗り込む。
「なでしこで飾り……」

Vornehmer Laden …
Fällt ein Buch auf den Boden,
Hier hustet man laut.

31. Oktober 2005
Tokyo
Mancher Antiquar treibt das Taktgefühl auf die Spitze. Um den Kunden von der Peinlichkeit zu entlasten, verscheucht er die drückende Stille nach einem Fauxpas mit einer Übersprunghandlung.

十月三十一日、東京。客に相対する感覚を極端に研ぎ澄ましている古本屋は少なくない。客が粗相をすると、重苦しい沈黙を破り、客を気まずさから救うために、転位行動に出るのである。

やんごとなき店……
本を床に落とせば
声高にしわぶく。

Welche Jahreszeit?
Was weiß ich, wo es ringsum
Auf Bildschirmen schneit.

31. Oktober 2005
Tokyo / Akihabara
Jeder moderne Japan-Pilger sollte einmal hier haltgemacht haben, im Siebten Himmel der Technikanbeter, im Elektronik-Wunderland Akihabara.

十月三十一日、東京・秋葉原。今の時代に日本に巡礼するものは、一度はここに詣でておくべきだろう。技術信奉者の天国、電子機器に満ちたお伽の国、秋葉原。

夏か冬か。
知らず、見廻らす限り
画面にて雪降れば。

Da steigt man nicht hoch,
War die Antwort des Dichters
Damals am Fuji.

1. November 2005
Zwischen Yokohama und Nagoya
Fahrt im Shinkansen; plötzlich wird der Blick frei auf den Fuji-san und bringt die Erinnerung an die Stimme Makoto Ôokas.

十一月一日、横浜と名古屋の間にて。新幹線に乗っていると、突然富士が現れ、大岡信の声を思い起こさせた。

登る山じゃないと
詩人は答えたっけな。
富士のふもとで。

Nun, wie weit bist du
Gekommen, Oktoberkind,
Auf dem Weg fort von dir?

1. November 2005
Nara

十一月一日、奈良

僕は神無月の子、
おのれから離れる道を
どこまで来たやら。

Tückische Mücke,
Hast den Handrücken besetzt.
Wirst dort begnadigt.

1. November 2005
Nara / Daian-ji

十一月一日、奈良・大安寺

手の甲を占むる
邪な蚊よ、
其処に赦してつかわす。

Das Tempeltor zu,
Was kann jetzt noch geschehen?
Der Nachtfrost schleicht nach.

1. November 2005
Nara / Daian-ji
Übernachtung in einem Tempel am Rande der alten Kaiserstadt Nara. Unterm klaren Sternenhimmel sehe ich dem Abt dabei zu, wie er von innen den hölzernen Riegel vorschiebt. Die Szene könnte sich so auch vor 500 Jahren schon einmal abgespielt haben.

十一月一日、古都奈良のはずれの大安寺に泊まる。清んだ星空のもと、住職が内側から木の門を差すさまを見ていた。五百年前に既にあった光景かも知れない。

寺門が閉ざされた今
何がなお起こり得ようか。
霜が忍び寄る。

Weich sind die Knie
Nach Stunden im Schneidersitz.
O weh, Schmerz, laß nach.

2. November 2005
Nara / Daian-ji

十一月二日、奈良・大安寺

何時間もあぐらをかいて
膝が笑った。
おお痛、おさまれ。

Die Luft summt und brummt.
Im Schrein der Ahnengeister,
Welch dichter Verkehr!

2. November 2005
Nara / Kasuga Taisha

十一月二日、春日大社

先祖（おや）の霊廟（たまや）で
空気がうなる。
なんと往来（ゆきき）の混むことか。

Sympathischer Hirsch:
Die Touristenhand beißt er,
Von Keksen genervt.

2. November 2005
Nara / Kasuga Taisha
Zwischen den Steinlaternen auf dem Weg zum Kasuga-Schrein tauchen überall Hirsche auf, einzeln oder im Rudel. Einer von ihnen wußte genau, wie streng man die allzu lauten, zudringlichen Besucher mit ihren albernen Futterrationen behandeln muß.

十一月二日、奈良・春日大社。参道の石灯籠の合間合間から、鹿が、或いは群れて、或いは群れを離れて、あらわれる。あまりに騒々しく図々しい、ふざけた餌を手にした参拝客をいかに厳しく扱うべきか、よく知る者がそのなかに一頭いた。

愛すべき鹿。
煎餅に苛立ち
観光客の手を齧む。

Im Schatzhaus das Bild
Der Glücksgöttin – eingerollt.
Sie zeigt sich dir nicht.

2. November 2005
Nara / Yakushi-ji

十一月二日、奈良・薬師寺

宝物殿に幸福の女神の絵。
巻かれて僕には
姿を見せず。

Spaß muß man verstehn.
Ist Ihr Bein wirklich grün, lästert
Der Professor und kichert.
Aber sicher, mein Bester,
Wenn es aufhört zu gehn.

2. November 2005
Nara
Anekdote, die sich in Nara zutrug, nach einer Dichterlesung im Tempel.

十一月二日、奈良の寺で自作を
朗読したあとの小咄めいた光景。

洒落は分かってあげなきゃいけない。
あなたの脚は本当に緑色か。
教授はからかい笑う。
勿論ですとも、先生、
脚が歩むことをやめた日には。

Nachts die Pagode
Weist den Schwärmern die Richtung
Überm Zederngrün.

2. November 2005
Nara / Kôfuku-ji

十一月二日、奈良・興福寺

夜さりに浮かれ歩けば
み寺の塔が
杉の青の上から道しるべする。

Der Alte am Stock
Stutzt beim Anblick der Kinder.
Erster Tag schulfrei.

3. November 2005
Zwischen Nara und Kyoto

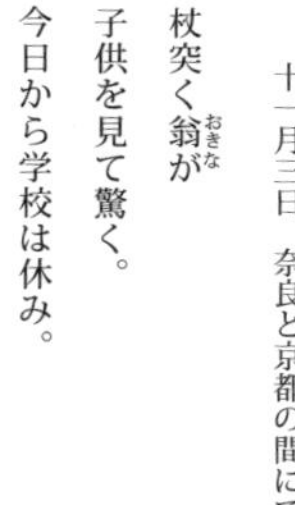

十一月三日、奈良と京都の間にて

杖突く翁（おきな）が
子供を見て驚く。
今日から学校は休み。

Rolltreppe abwärts.
Der schöne, traurige Mund
Einer Dame in Schwarz.

3. November 2005
Kyoto

十一月三日、京都

降りのエスカレーター。
墨染をまとう女（おみな）の
憂いを含んだ美しい口もと。

Taxis im Regen.
Die Fahrer schlafen. Dann schreckt
Ein Kunde sie auf.

3. November 2005
Kyoto

十一月三日、京都

タクシーを雨に打たせて
夢見る運転手たち。客が来て
覚かす。

Sie liebten Verse.
Selbst der Kaiser war Dichter,
Und nicht nur im Herbst.

4. November 2005
Kyoto / Kaiserpalast
Im Palast gab es ein Gebäude eigens für Dichterlesungen, das *Ogakumonjo*. Dort trafen die Höflinge sich regelmäßig im Beisein des Kaisers zum Vortrag der *waka* – Gedichte, bestehend aus 31 Silben.

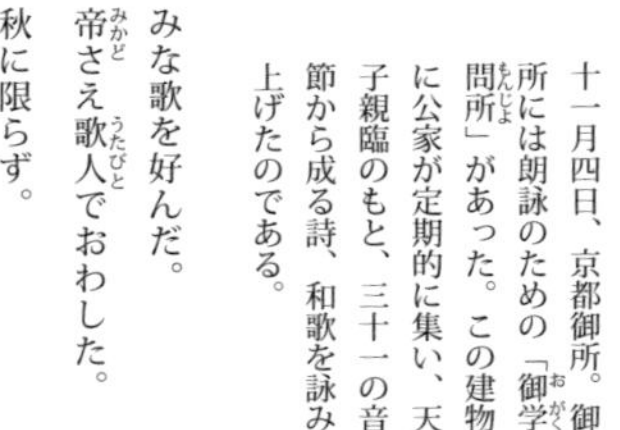
十一月四日、京都御所。御所には朗詠のための「御学問所」があった。この建物に公家が定期的に集い、天子親臨のもと、三十一の音節から成る詩、和歌を詠み上げたのである。

みな歌を好んだ。
帝さえ歌人でおわした。
秋に限らず。

Der letzte Tempel,
Schäbig, ein finsteres Loch,
Sperrmüll, ein Moped davor,
Zeigt den Eingang zur Hölle.
Niemand hier schert sich um sie,
Die Welt, wie sie ist.

4. November 2005
Kyoto
Nach langem Umherirren in der Stadt, die wie ein Go-Brett angelegt ist, habe ich die Hoffnung aufgegeben, ihn doch noch zu finden. Ein Bekannter hatte mir von diesem sagenhaft schäbigen Tempel erzählt, leider ohne Wegbeschreibung. Wie sagt Wittgenstein im schroffen Gegensatz zu Marx? »Die Philosophie läßt alles, wie es ist.«

十一月四日、京都。碁盤の目のように設計された街を随分さまよった挙句、知人から聞いた、荒れ果てた寺を見つけるのを諦めた。残念ながら道を聞いておかなかったのだ。マルクスと際立った対照をなしつつヴィトゲンシュタイン曰く「哲学は全てをあるがままに打ち置く」。

粗大ごみとバイクのうしろで
暗い穴にも似た
いやはての廃寺が
奈落への入り口を示す。
あるがままの世界。
気にかける者も無し。

Zum Wohnzimmer wird
Bei Abendanbruch der Platz
Mit dem Großbildschirm.

4. November 2005
Tokyo / Ginza Station

十一月四日、東京・銀座駅

暮れれば
居間になる。
大画面のある交差点。

Nur bei Stromausfall
Sieht man den Sternenhimmel
Über Tokyo nachts.

4. November 2005

十一月四日

唯だ停電のみ能く
夜の東都の上に
星空を現ず。

Die Feldgrille zirpt
In Sakuras Terrarium
Bis hoch unters Dach.

5. November 2005
Tokyo / Yushima
Das kleinste Haustier aller Asiaten, mühelos einzufangen und leicht zu halten, ist sicher die Grille, auch Heimchen genannt. Bei Issa trägt sie den sprechenden Namen *kirigirisu.* Hier hatte der stolze Vater sie zur Unterhaltung seiner dreijährigen Tochter im Stadtpark gefangen.

十一月五日、東京・湯島。簡単に捕まえられ、飼い易くもある、アジア中で最も小さなペットは、こおろぎに違いない。一茶では、きりぎりすという、指すものを発音から想像できる名で出てくる。この句のこおろぎは、自慢の三歳の娘を娯しませるために、父親が公園でとってきたものである。

野のこおろぎが
さくらの虫かごで声を上げる。
天井まで届けと。

Lange studiert sie
Das Schild, so verheißungsvoll:
»Hier Schlaftherapie«.

5. November 2005
Tokyo / Yushima
Man sieht sie überall schlafen, in der Untergrundbahn, auf Rolltreppen, im Kabuki-Theater. Doch sind das immer nur Nickerchen. Im ganzen scheint es ein großes Schlafdefizit zu geben, für das als stumme Anklägerin die einsame Dame zeugte, die lange dort vor dem Schaufenster des Quacksalbers verharrte.

十一月五日、東京・湯島。眠る人を至る所で見かける――地下鉄で、エスカレーターで、芝居小屋で。しかしそれは全てまどろみに過ぎない。睡眠は総じて随分と不足しているらしい。藪医者のショウウインドウの前を去ろうとしない孤独な婦人の姿は、このことを静かに訴え、また証していた。

御婦人が看板に
見入る。謳うのは
「睡眠療法」

Im Schrein des Dichters
Keins der Täfelchen bettelt
Um gute Kritik.

5. November 2005
Tokyo / Yushima Tenjin
Einer der vielen Schreine in Tokyo ist den Gelehrten gewidmet, den Anhängern der Wissenschaft und der Dichtung. Dort wird der Geist des Michizane Sugawara verehrt, eines Lehrmeisters aus dem Mittelalter, der gefürchtet war wegen seiner postumen Zornesausbrüche. Es ist üblich, in den Schreinen kleine Holztafeln anzubringen, auf denen für das Gelingen eigener Vorhaben gebetet wird, hier beispielsweise vor der Aufnahmeprüfung für den Studienplatz an einer der begehrten Hochschulen.

十一月五日、東京・湯島天神。東京にあまたある神社のひとつは、学問と文芸にいそしむ者たちのためのものである。その祟りを恐れられた中世の学匠、菅原道真の御霊（みたま）を祀ってあるのだ。神社では、志の成就の祈願を書きつけた小さな板を掛けるならわしがある。例えばこの社（やしろ）では、志望の大学の入学試験を控えた時期に掛けるのである。

詩人のお宮に掛かる絵馬、
ひとつだに
高評を乞わず。

Die Städte schrumpfen
Mangels Bewohnern, heißt es.
Vor uns liegt Edo …

5. November 2005
Tokyo / Nagata-chô

十一月五日、東京・永田町

人口が減り
街が縮むと云う。
江戸が現れる……

Überstanden ist
Das zweiundvierzigste Jahr –
Die größte Gefahr.

6. November 2005
Tokyo / Akasaka Prince Hotel
Einer landläufigen Astrologie zufolge gibt es im Leben jedes Menschen drei große Krisenzeiten, Zeiten des Umbruchs womöglich, Jahre der Gefährdung und Bewährung. Jeder kann nach dem Kalender die Zahlenkombination seiner persönlichen Gefahrenjahre wissen.

十一月六日、赤坂プリンスホテル。この国で広く信ぜられている占星術によれば、誰しも一生に三度厄年があるという。変易の年、危機の年、自己証明の年ということか。おのれの厄がいついつの年か、暦により誰でも知ることができる。

恙無く越した。
四十二の歳を、
大厄を。

Was hat er gemeint?
In die Handfläche malt er
Den plötzlichen Sinn.

6. November 2005
Tokyo
Eine typische Alltagsszene. Immer wieder kann man beobachten, wie ein Japaner sich dem andern erst dann verständlich macht, wenn er ihm das gemeinte Zeichen vor Augen führt. Erst damit gilt das gesprochene Wort.

十一月六日、東京。よくある光景。日本人が念頭にある文字を書いてみせて意を通ずるさまを繰り返し見る。舌頭のことばは文字になってから通用するのだ。

何を思ったのか。
ふとわいた意を
てのひらに描く。

Streng überm Mundschutz
Funkeln die Brillengläser.
Gleich streicht man dich aus.

6. November 2005
Tokyo / Narita Airport bei Tokyo

十一月六日、
東京・成田空港

マスクの上で
眼鏡が厳しく光る。
立ちどころに僕は消される。

Nachworte

Durs Grünbein
Siebzehn Silben des Augenblicks

I

Einmal bin ich von einem Japankenner gefragt worden, ob ich denn etwas von der Landessprache verstünde. Mir war nicht klar, ob die Anfrage scherzhaft gemeint war oder in vollem Ernst, der Forschende hinter der Briefadresse verzog keine Miene. Also gab ich ihm nach Kinderart einigermaßen aufrichtig Auskunft und schrieb: Nein, ich bin des Japanischen leider nicht mächtig. Aber wer, außer den Einheimischen, wäre das schon? Ich weiß um die jahrelangen Bemühungen einiger mir nahestehenden hartnäckigen Deutschen und ihre unfaßbaren Erfolge auf diesem Gebiet, die ich nur bewundern kann. Auch meine Kenntnis der japanischen Literatur beschränkt sich auf die üblichen Klassiker unter den Versdichtern. So bedauere ich beispielsweise, einen gewissen Mokichi Saitô, einen Dichter und Arzt, dessen Interessen und Lebenslauf in manchem dem Gottfried Benns ähneln, allenfalls in Prosa-Ausschnitten lesen zu können, nur weil dieser wie die meisten modernen japanischen Klassiker zwar in Fachzeitschriften beachtet, aber mit seinen Hauptwerken nie ins Deutsche übersetzt wurde. Von den Erzählern haben mich besonders Ryûnosuke Akutagawa und Yasunari Kawabata mit ihren wie hingehauchten Geschichten bezaubert. Yasushi Inoue war der letzte, der diese Gabe besaß, ich rede nicht von den heute gängigen, international viel erfolgreicheren Namen. Wahrscheinlich ist es um das kostbare Flackern der Andersheit nun insgesamt etwas schlechter bestellt als in den Zeiten vor der weltweiten Vernetzung und Übersetzung von Literatur. Aus japanischer Sicht hat der verschwindend geringe Romantikanteil in der deutschen Gegenwartslyrik sicher auch etwas Enttäuschendes …

Ein bestimmter Roman von Kôbô Abe führte in jungen Jahren dazu, daß ich eine Zeitlang nachts schweißgebadet aufwachte, weil ich geträumt hatte, ich sei in ein unterirdisches Sandgefängnis in einer namenlosen Wüste eingesperrt und dort vergessen worden. Das erste, was ich kennenlernte und mit größter Aufmerksamkeit zu studieren begann, waren tatsächlich Haikus. Sie wurden mir auch von anderer Seite nahegebracht, gehörten sie doch neben allerlei buddhistischem Religionstalmi zum neuen Einmaleins der Beatniks, die hier an Ezra Pound anknüpften, den wohl wichtigsten Import-Export-Händler für Weltpoesie im Zwanzigsten Jahrhundert. Auch aus einigen Musikstücken und Schriften des Komponisten John Cage glaubte ich damals ein gesteigertes Interesse an dieser poetischen Kurz- und Kürzestform herauszuhören. Später kaufte ich mir, in den schmucken Ausgaben von Dieterich, eine ganze Handbibliothek japanischer Dichtung zusammen, also die bekannten Namen Bashô, Buson, Issa, auch die klassischen Anthologien, ergänzt das Ganze um englischsprachige Ausgaben, die in der Mehrzahl entdeckungsfreudiger waren. Dies ist nicht der Ort, von Forschungsreisenden und Pioniergeistern wie Engelbert Kaempfer oder Franz von Siebold zu reden, die als Taxonomen japanischer Natur und Kultur die folgenreichen ersten Schritte setzten. Noch Goethe hatte von den Schätzen dieser Kultur nur eine ganz ungefähre Vorstellung. Beim Blick über den *West-östlichen Divan* hinaus sah er allenfalls schemenhaft in der Ferne Buddhastatuen und schweigsame Zedern. Es gab dann den Österreicher August Pfizmaier (der 1847 erstmals ein japanisches literarisches Werk ins Deutsche und damit auch erstmals in eine europäische Sprache übersetzte) und den Deutschen Karl Florenz sowie einige andere Europäer. Eine größere Öffentlichkeit aber erreichte die Japanologie erst am Ende des 19. Jahrhunderts, dem umtriebigen Propagator Lafcadio Hearn sei Dank, der um 1900 als Dozent für englische Literatur an der Kaiserlichen Universität von Tokyo gewirkt hatte. Mit dem Finderglück des Ausländers war dieser irische Journalist in eine einzigartige Position geraten. Das neu erwachte Interesse an Fernost machte seine Prosasammlungen im Westen eine Zeitlang geradezu populär. Vor allem die Geistergeschichte, eine japanische Spezialität über viele Jahrhunderte hinweg, rückte durch ihn in den Mittelpunkt einer Aufmerksamkeit, die sich an den grotesken und arabesken Erzählungen des E. A. Poe geschult hatte. Die zweite Entdeckung verdanke ich Ezra Pound, seiner ruh- und rastlosen Vermittlung der Schriften aus dem Nachlaß des Japanologen und Kunsthistorikers Earnest Fenollosa. Nach der Lektüre dieser Studien zum klassischen Nô-Theater, seiner bahnbrechenden Überlegungen zum Charakter der chinesischen Schriftzeichen (die im Japanischen *kanji* heißen) und ihrer Funktion in der Dichtung sah ich vieles mit neuen Augen; von hier nahm die eigene Recherche ihren Ausgang.

Dann schenkte mir ein befreundeter Architekt eines Tages Tanizakis *Lob des Schattens*. Das war nun eins von den Büchern, die man unwillkürlich wie ein Brevier zu lesen beginnt. »Tatsächlich gründet die Schönheit eines japanischen Raumes rein in der Abstufung der Schatten«, heißt es da. Mit Sätzen wie diesem näherte man sich den allesverändernden Kriterien, die eine neue Schule der Wahrnehmung begründen konnten: Es ging um Schatten, Unwägbarkeiten, um das Dazwischen mit all seinen Valeurs, eine Ästhetik des Luftigen und Flüchtigen, um ein aus feinsten Gradationen erwachsendes Wohlgefühl – für das es in der japanischen Kunst, Literatur und Architektur überhaupt zum ersten Mal Muster und Beispiele gab. Es waren da wimpernfeine Unterscheidungen am Werk, die

sich, wie ich bald herausfand, schon früh in der japanischen Literatur gezeigt hatten. An ihnen ließ sich ein für das Selbstbewußtsein der Japaner noch heute entscheidender Schritt ablesen: die Ablösung von der überstarken, inspirierenden Tradition Chinas. So fand sich etwa bereits um das Jahr 1000 im berühmten Kopfkissenbuch der Dame Sei Shônagon ein ästhetisches Raffinement, das den eigenen Weg deutlich markierte. Es war der Jahreszeitenwechsel tief im Inneren des Subjekts, der hier zum allesdurchwirkenden Thema wurde. Ein nie gekannter Facettenreichtum in allen Dingen, Farben, Gesten und Stimmungen verschaffte der japanischen Poesie ihren zeitüberdauernden Sublimationsvorsprung. Hier wurden seit Jahrhunderten mentale Effekte erzeugt, lyrische Minimalsensationen, wie es sie bei uns erst im europäischen Symbolismus, bei Mallarmé und den Seinen, und nachher in der Experimentalliteratur der Moderne gab.
Begeistert war ich von der bambusartigen Biegsamkeit ihrer Kategorien, von der befreienden Eleganz eines Materialismus, dem alles Schwergewichtige fremd war, der die besten Eigenschaften des Holzes gleichsam auf das Denken und die menschlichen Verhaltensweisen übertrug. Es erging mir damit wie so manchem europäischen Künstler des Fin de siècle, der sich von dieser unendlich abstufungsreichen, flexiblen, bei aller Finesse jedoch immer konkreten Naturästhetik aus dem alleröstlichsten Asien so angesprochen fühlte, daß Japonismus ihm gleichbedeutend wurde mit Avantgarde. Ich konnte es einem Whistler, Toulouse-Lautrec, Marcel Proust nachfühlen, daß sie sich hatten bezaubern und anregen lassen. Einmal sensibilisiert, suchte ich selbst immer weiter in dieser Richtung.

2

Mehr als alles andere hat mich damals die Gedichtsammlung eines gewissen Issa gefesselt, seine für japanische Verhältnisse höchst unorthodoxe Sterbechronik in Haikus: *Die letzten Tage meines Vaters*. Mit ihm, dem Goethe-Zeitgenossen (1763-1827), beginnt eine neue Epoche der Haiku-Dichtung. Es zeigte sich, daß sie, in ihrer anthropologischen Konzentration auf das Wesentliche, das zugleich die Alltäglichkeit jeder gottfernen Existenz ist – Familie, Tagesablauf, Sterblichkeit –, auch für den Europäer sofort eingängig war. Nicht daß europäisches Denken Maßstab aller Menschlichkeit wäre, befreiend war aber doch die konfirmative Freude, mit der ein Leser von Lessing und Goethe, Moritz und Hölderlin dieselbe Spezies wiedererkannte, wenn auch im andern Gewand. Denn ob Geheimratsgehrock oder Mönchskutte des Wanderdichters (dem Habit des Heiligen Franziskus nicht unähnlich), letzten Endes blieben das Äußerlichkeiten vor der Tatsache unbewußter Verbundenheit im geräumigen Inneren des poetischen Menschen.

Man hat Issa zügellose Subjektivität nachgesagt, extreme Verstöße gegen die ausgewogen milde Prosa-Pinselei des klassischen *haibun*-Stils. Das alles erledigt sich schnell, macht man sich erst einmal klar, welches Wagnis hier eingegangen wurde. Ich las in den Aufzeichnungen eines Erdenbürgers, der keinen Moment die Hinfälligkeit und Vergänglichkeit des eigenen Lebens vergaß, und daß alle Dinge auf der Welt nur von kurzer Dauer sind und schneller als Blitze verzucken. Anders gesagt: ich war, was mir in der heimischen Literatur immer nur ausnahmsweise widerfährt, spontan ergriffen. Ein Blitz, ein Zufallssplitter fernöstlicher Poesie hatte einen seiner nie vorgesehenen Adressaten getroffen. Zum Beispiel dieser hier: »Wunderschön ist sie / durch das Loch der Schiebetür gesehen: / Die Milchstraße!« Dazu muß man wissen: das Buch handelt von den quälenden letzten Wochen im Leben des geliebten Vaters, von den Ohnmachtsgefühlen des Sohnes. Dem Gedicht gegenübergestellt ist die schockhafte Einsicht in den hoffnungslosen Zustand des Kranken, nachdem die Ärzte ihn aufgegeben haben. Wie fortgeblasen war auf einmal der Unterschied zwischen *ihrer* und *unserer* Wahrnehmung. In der Konzentration auf den intensiv erlebten Augenblick schmolz alle Fremdheit dahin. Man war einander doch im Grunde verwandt, nur einer der vielen Mitversterbenden (symparanekromenoi), wie Kierkegaard irgendwo sagt. Bestätigt fand ich, was mir seit langem das Entscheidende ist bei jeder Lektüre: Wir Planetarier sind *ein* Gehirn.

Über alle Sprachbarrieren und jeden Exotismus hinweg gab es etwas, das uns gemeinsam war. Ob Tanka, Distichon, Ghasele oder Terzine, es ging noch jedesmal um Aussagen wie diese: »Keiner, der lebendigen Leibes in diese Welt hineingeboren wird, entrinnt den Beschwerden von Krankheit und der Grausamkeit des Todes.« Eine der drei für den Buddhismus grundlegenden Einsichten (in Sanskrit *trividyâ* – man vermeint, daß von da unser Ausdruck Trivialität rühren muß) lautet in Kürze: Erstens ist alles unbeständig, zweitens Leiden und Tod unterworfen und drittens vollkommen ichlos. Mit anderen Worten, das Sein kümmert sich zwar um vieles, aber nicht um uns im speziellen. Von daher also wehte der Wind. Es war der Ostwind, der mir nur allzu Vertrautes herüberbrachte. Man ging den japanischen Gedichtsensationen auf den Leim, wie man in unseren Breiten den Offenbarungen aller spirituell Hochdisziplinierten folgen konnte, denen der Vorsokratiker und des Meister Eckhart ebenso wie denen Goethes oder der Emily Dickinson.

3

Befragt nach dem Zustandekommen dieser Haiku-Sammlung, kann ich nur beteuern: Es waren Tagebuchaufzeichnungen, mehr anfangs nicht. Daß ich sie überhaupt hergezeigt habe, hat mit einer liebenswürdigen Eigenschaft der Japaner zu tun – einem nur schwer unterdrückbaren Narzißmus in allen Belangen der eigenen Kultur. Nachdem sich die Sache bei meinen Gastgebern herumgesprochen hatte, sind sie einfach neugierig geworden auf die Versuche des europäischen Amateurs. Ein befreundeter Professor hatte als erster davon Wind bekommen, und nun war, bei der Zusammenstellung einer japanischen Ausgabe meiner Gedichte, von größtem Interesse, was ich bis dahin nur als ein Privatvergnügen erachtet hatte. Man hat sie mir regelrecht abgehandelt, diese Reisenotizen in Stenogrammform. Mir, der ich nie photographiere, schien das Haiku die günstigste Alternative zum Polaroid – einer Technik, die nun ihrerseits obsolet ist. Es ging mir darum, die einzelnen inneren Aufnahmen sofort begutachten zu können – auf einer weißen Notizbuchseite. So absurd es erscheint, ich bin, unterwegs im Heimatland der Digitalkamera, nicht eine Sekunde lang auf die Idee gekommen, den Stift beiseite zu legen und es einmal mit einem anderen Verfahren zu versuchen. Was man mir über die altjapanischen Holzschnitte und ihre Technik des *ukiyoe* gesagt hatte, galt auch für meine eigenen flüchtigen Hervorbringungen. Es waren Bilder der auf der Oberfläche schwimmenden Welt. Nur daß in diesem Fall ein paar Worte genügten (um genau zu sein: siebzehn Silben), um den jeweiligen Schnappschuß festzuhalten.

Das allerdings war die stillschweigende Abmachung: alles mußte sogleich notiert werden. Kein Zögern, kein langes Umkreisen des Motivs, das Inbild sollte im nächsten Augenblick Schrift werden. Darin aber unterschied es sich bereits von einer gewöhnlichen, gut ausgeleuchteten Impression. Die Ökonomie des Ausdrucks erzwang so etwas wie eine mentale Sofortreaktion. Hierin eben lag ja das Versprechen der Haiku-Poetik: etwas festhalten zu können, das im Moment seines Erscheinens einen packenden Eindruck gemacht hatte und doch nur flüchtig aufscheinen konnte, bevor es verging – eine Geste, eine Straßenszene, ein Gedanke, die Erscheinung eines wildfremden Menschen, irgendein nichtiges existentielles Etwas. Unschätzbar war sie, diese Methode, die es einem erlaubte, Vergänglichstes einzufangen in Form von mikrosemantischen Intervallen. Selten hat ein so geringes Quantum Sprache eine so enorme Wirkung gehabt wie im japanischen Gedicht, und selten war auch die Einprägekraft, der mnemotechnische Koeffizient, größer als dort. Ein Zuruf genügt, und die Trance des ersten Augenblicks ist abermals da. So sehe ich wieder den Mönch vor mir, in eine Art Schildkrötenstarre verfallen, inmitten des Besucherstroms meditierend, und hinter ihm den Tempel mit der hochgelegenen Holzterrasse, die Allee aus Rot-Kiefern und jenen Nachmittag in Kyoto (der so niemals wiederkehrt). »Und nichts geht über ein Wort, das der Mensch zu hören bekommt, solange er lebt«, sagt Issa.

4

Die meiste Zeit bin ich allein unterwegs gewesen, und das aus gutem Grund. In jeder Begleitung liegt eine Einschränkung der Wahrnehmungsfreiheit. Von einem Stadtführer mag man manches zu hören bekommen, was einem sonst entgangen wäre, aber die Augen blenden doch leichter ab, während er redet und redet. Am Ende muß man den ganzen Weg noch einmal gehen, weil man die ganze Zeit zu sehr an diesem schwatzenden Gängelband ging.

Im Museum lasse ich den braven Kunsthistoriker gern stehen und wandere lieber ohne Kommentar durch die ausgestorbenen Nebensäle. Nur einmal habe ich mich überreden lassen und bin einer charmanten Japanerin durch das Labyrinth der Stadt Tokyo gefolgt. Und was glauben Sie, was geschah? Der Ariadnefaden ist mir schon auf den ersten Metern aus den Händen geglitten, ich verlor vollkommen die Orientierung. Eine U-Bahn-Fahrt auf eigene Faust mag eine gewisse Herausforderung sein, im Schlepptau einer Einheimischen verfällt man sofort in die Unachtsamkeit des Kindergartenkindes, das hinterher nicht mehr sagen kann, wohin der Ausflug noch einmal geführt hat. Die junge Dame war übrigens jene Klavierspielerin, die geklagt hatte, ihre Hände seien zu kurz geraten und sie selbst daher leider unbegabt für eine perfekte Darbietung von Brahms. So war ich denn hin- und hergerissen zwischen ihrer melancholischen Erscheinung und den verschiedenen lokalen Höhepunkten, die mir nunmehr als Programm von *sightseeing* entgegentraten. Das war nicht besonders schlimm, aber es hat den Assoziationsspielraum des Flaneurs doch stark eingeschränkt. Mehr als einmal habe ich das Hotel durch einen Seitenausgang verlassen, um ungestört in den Alltagsstrom einer japanischen Metropole zu entkommen und darin unterzutauchen, auch auf die Gefahr hin, in einer hundertprozentig unbekannten Gegend zu landen. Wie heißt es bei Issa? »Meine Heimat – bah! / Bis zur allerletzten Fliege / setzt jeder jedem zu!« Ich habe keine Ahnung, wie das Haiku im Original klingt, aber das *bah* in der ersten Zeile scheint mir doch ein weltweit verstandener Code.

5

Viermal bin ich innerhalb der letzten zehn Jahre nach Japan gereist, und jedesmal wuchs das Verlangen nach diesem wahrhaft fernen, fernöstlichen Land. Wenn ich ergründen sollte, was mich so heftig anzog, fallen mir nicht zuerst die kunstvollen Landschaften ein mit ihren gedämpften, wie von blauem Dunst verschleierten Perspektiven, nicht die Tempel, aus Kiefernhainen hervorleuchtend, oder die anheimelnden Formen des Regens (der hier immer etwas Tröstliches, die Seele Stärkendes hat), auch nicht die vielphotographierten Megacities, diese Ansammlungen von Abertausenden elektronischer Bienenstöcke (allein im Großraum Tokyo leben rund 27 Prozent der Gesamtbevölkerung), ich denke dann vielmehr zuallererst an diesen erstaunlichen Menschenschlag. Es hat lange gebraucht, bis ich bei einem Philosophen auf die Zauberformel stieß, die mir meine eigene unklare Faszination begreifen half. In einem Gespräch über Hegel und das Ende der Geschichte aus dem Jahre 1968 empfiehlt Alexandre Kojève die japanische Kultur als Alternative zum *American way of life* und kommt mit folgender überraschender Beobachtung: »Was uns Japan lehrt, ist, daß man den Snobismus demokratisieren kann. Japan, das sind 24 Millionen Snobs. Neben dem japanischen Volk ist die englische High Society ein Sammelsurium von betrunkenen Seeleuten.«

Daran mag manches überzogen sein, zutreffend ist jedoch der Hinweis auf die Seeleute der einstigen westlichen Imperien, denn es waren Seemächte, die Portugiesen und Spanier, die in Japan die Reaktion einer Muschel auslösten und es mit ihrer Zudringlichkeit dahin brachten, daß sich das Land lange Zeit vor der Geschichte verschloß, während es allerdings einen kontrollierten Handelsverkehr mit Holland aufrechterhielt. Mehr als in der Tradition der alten Samuraigeschlechter, die von selber verblaßte und ohnehin nur die oberen Klassen betraf, liegt im Boykott der Verwestlichung, in einer allenfalls argwöhnisch kontrollierten Öffnung gegenüber fremden Kulturen die Wurzel des erwähnten volkstümlichen Snobismus. Es ist dies aber keine Haltung, die in reiner Blasiertheit erstarrt wäre. Auch hält sie sich nicht lange mit der Idee ihrer eigenen Überlegenheit auf, sieht man vom berechtigten Stolz auf die heimische Rohfischküche, gewisse Mikro-Technologien und die komplexe Sprache mit den diversen Kognitionsvorteilen, die man ihr nachrühmt, einmal ab. Das Überraschende am Snobismus der Japaner ist, daß man ihn in allen Gesellschaftsschichten und Generationen antrifft und daß er besonders gut in den Helligkeitszonen der Populärkultur überlebt. Er ist nicht nur, was er lange Zeit in Europa war, das Vorrecht einiger Bohemiens. Man sieht ihn an der wohlfrisierten Hausfrau, die ihre Bonsai-Bäumchen selbstversunken mit der Nagelschere stutzt, ebenso wie an dem pubertären pickeligen Otaku, der in enger Wohnzelle monomanisch seiner abstrusen Sammelleidenschaft nachgeht (Knöpfe alter Schuluniformen oder Modellflugzeuge in der Nußschale) und darüber die Außenwelt längst vergessen hat. All diese gleichzeitig kollektivierten wie atomisierten Existenzen pflegen eine Extravaganz im stillen, von der sich im Westen allenfalls der Künstler noch einen Begriff macht.

Dafür soll hier gleich am Eingang des Buches das Bild des kleinen Kabuki-Spielers stehen. Er ist der inoffizielle Vertreter einer ebenso rätselvollen wie eigensinnigen Nation, ein kleiner Theaterprinz. Verloren steht er auf seinen Strohsandalen und signalisiert doch mit trotzigem Gesichtsausdruck: Paßt nur auf, ich werde dereinst berühmter als alle meine Vorgänger sein.

Ich danke Herrn Horst Claussen, Bonn, für den Anstoß zu diesem Nachwort.

Yûji Nawata
»Wasser und Wolken ziehen wie immer dahin.«

Das Sonett, diese strenge Gedichtform, ist in Japan nicht nur durch Übersetzungen sehr bekannt geworden, sondern wurde unter dem Einfluß der europäischen Literatur von japanischen Dichtern auch adaptiert. Erfüllen aber derartige Übersetzungen und eigene Dichtungen in dieser Form noch den Begriff des ›Sonetts‹? Während die sonettypische Konstruktion von vierzehn Zeilen in vier Teilen beibehalten werden konnte, mußte auf regelgerechte Endreime weitgehend verzichtet werden. Haben also Sonette auf japanisch keinen Wert, sind sie nur mißlungene Merkwürdigkeiten? Auf keinen Fall. Sonette bildeten einen wichtigen Teil sowohl in der 1905 erschienenen, von Bin Ueda übersetzten Anthologie von Gedichten aus Europa als auch in der Sammlung französischer, von Daigaku Horiguchi ins Japanische übertragener Gedichte aus dem Jahr 1925. Ohne diese recht einflußreichen Bücher hätte sich die japanische Lyrik des zwanzigsten Jahrhunderts bestimmt ganz anders entwickelt. Darüber hinaus bilden die japanischen Sonette von Chûya Nakahara und Michizô Tachihara aus den 1920er und 30er Jahren eines der schönsten Kapitel in der Geschichte der modernen japanischen Lyrik.[1] Im Versuch, die eigene literarische Sprache an eine fremde Form, soweit es geht, anzupassen, eröffnen sich neue, noch unbekannte Möglichkeiten. Die durch eine solche Aneignungsleistung belastete Sprache wird reicher und ausdrucksstärker, wie belastete Muskeln kräftiger und leistungsfähiger werden. Dafür bietet die Sonett-Rezeption in Japan ein schönes Beispiel.

1 Vgl. Matsumura (1955) und Matsumura (1973).

Eine ähnliche Rolle wie das Sonett für die japanische Literatur spielte in Europa vielleicht das Haiku. Im frühen 20. Jahrhundert wurden Haikus nicht nur in verschiedene europäische Sprachen übersetzt, sondern sie wurden in diesen Sprachen auch geschrieben. Das Sonett in Japan und das Haiku in Europa: Der rege Verkehr zwischen Europa und Japan, der in den 1850er Jahren einsetzte, brachte einige Jahrzehnte später literarische Früchte in beiden Kulturen hervor. Frankreich war das Zentrum der Haiku-Rezeption in Europa. Dort hatte die Rezeption der japanischen Kunst die der japanischen Literatur vorbereitet[2], und es gab sogar die sogenannte Haikai-Gruppe, einen Kreis französischer Haiku-Lyriker. Auch der späte Rilke nahm die Haiku-Rezeption in Frankreich wahr. Er beschäftigte sich mit dieser Form in seinen letzten Lebensjahren und verfaßte selber einige Haikus, bald auf französisch, bald auf deutsch. Auch seine berühmte Grabschrift aus dem Jahr 1925 (»Rose, o reiner Widerspruch, Lust, / Niemandes Schlaf zu sein unter soviel / Lidern«) wurde von ihm wahrscheinlich als Haiku gedacht.[3] »Un bref étonnement«, so heißt die von Rilke zitierte Definition des Haikus durch eine der zentralen Figuren der Haikai-Gruppe, Paul-Louis Couchoud.[4] Unter den Eigenschaften des Haikus fiel Couchoud und Rilke vor allem die pointierte Kürze auf – und dabei ist es tendenziell geblieben in der weiteren Haiku-Rezeption durch europäische Lyriker. Knappheit und Dichte waren die Herausforderung, der sie sich in ihrer eigenen Sprache stellten, um diese zu stärken. Formelle Regeln für Haikus wurden

2 Vgl. Schuster (1977), S. 9-55.

3 Vgl. Meyer (1980).

4 Zit. nach Shibata (1992), S. 101 (photomechanischer Nachdruck der Stelle mit dieser von Rilke selbst unterstrichenen Definition in Paul-Louis Couchouds Buch »Sages et Poètes d'Asie« aus Rilkes Bibliothek in Muzot), vgl. S. 91, 96. Vgl. auch Meyer (1980), S. 143, 149.

dabei sehr oft vergessen – was zwar Fachleute befremdete, aber eine eigene durchaus vielfältige Haiku-Sprache hervorbrachte.
Von deutschsprachigen Schriftstellern wurden Haikus nur in begrenztem Umfang geschrieben.[5] Die verstreuten deutschen Haikus Rilkes und seiner Zeitgenossen nehmen sich fast wie Nebeneffekte der Haiku-Rezeption in Frankreich aus.[6] Daß Klabund in seinem Roman *Spuk* (1922), der »Chinesisches und Japanisches sorglos durcheinander« mischt, ein ›Haiku‹ in Phantasieform als chinesisches Gedicht bezeichnete[7], illustriert den Stand des deutschsprachigen Haiku-Dichtens vor dem Zweiten Weltkrieg. 1953 gelang es Karl Kleinschmidt zum ersten Mal, einen deutschsprachigen Haiku-Band zu publizieren. Imma von Bodmershofs ab 1962 veröffentlichte Haiku-Bände trugen viel dazu bei, die Gattung des deutschen Haikus zu etablieren. Diese aufs Haiku spezialisierten Lyriker haben jedoch Schwierigkeiten, einen festen Platz in der Geschichte der deutschen Literatur zu finden. Einige Kurzgedichte Brechts und Eichs ähneln Haikus, werden jedoch nicht als solche bezeichnet.[8] Auch Thomas Kling sei hier genannt, der sich in seinem Gedichtband *brennstabm* mit dieser japanischen Gattung beschäftigt hat; sowie Hans Arnfrid Astels vielleicht umfangreichstes Haiku-Corpus in deutscher Sprache.[9] Mit diesem Band der Insel-Bücherei stellt Durs Grünbein alle vier in Haikus verfaßten Tage-

5 Für eine Geschichte der deutschen Haikus vgl. Katô (1986) und Sabine Sommerkamp: Die deutschsprachige Haiku-Dichtung. Von den Anfängen bis zur Gegenwart. In: Araki (1992), S. 79-91.

6 Vgl. Schuster (1977), S. 9-55, Krusche (1985), S. 105-108.

7 Schuster (1977), S. 51.

8 Vgl. Krusche (1985), S. 112f., Yamane (2007), S. 268-276.

9 Vgl. Kling (1991), S. 135-148: »schnellschach, sekundn-bonsai.« mit 12 Haikus. Wie dieser Zyklus ist das Haiku-Paar »tiroler hai« (S. 89) und »tyroler haiku 2« (S. 112) in 5 / 7 / 5 Silben verfaßt. – Hans Arnfrid Astels Haikus sind enthalten in: Sand am Meer. Sinn- & Stilübungen (seit dem 1. Januar 2001 im Netz).

bücher seiner Japan-Reisen zusammen: ein großer Schritt in der Geschichte der deutschsprachigen Haiku-Dichtung.

Im Zentrum der japanischsprachigen Literatur standen jahrhundertelang die vom Tennô, dem japanischen Kaiser, herausgegebenen Sammlungen von Waka (japanischen Gesängen), als deren Gipfel die erste (*Kokinwakashû*) aus dem frühen 10. und die achte (*Shinkokinwakashû*) aus dem frühen 13. Jahrhundert herausragen. Die meisten Waka waren dabei Tanka, Kurzgedichte aus fünf Teilen, in der Regel in jeweils 5 / 7 / 5 / 7 / 7 Moren und 31 Moren insgesamt. Nach der achten Sammlung brach eine Blütezeit der Kettenlyrik (*renga*) an. Dabei handelt es sich um das gemeinsame Verfassen einer Reihe von Tankas durch verschiedene Personen; die humoristische Kettenlyrik (*haikai no renga*, »haikai« bedeutet Humor) wurde in der weiteren Entwicklung der Form dominant; Hokku, der erste Teil der Kettenlyrik, der aus 5 / 7 / 5 Moren besteht, wurde eigenständig. Schon bei Bashô (1644-94), dem größten Meister der Haiku-Geschichte und deren Erneuerer, war der humoristische Charakter von sowohl *haikai no renga* als auch von Hokku nicht mehr explizit. Dies ist, in Kürze, die Entstehungsgeschichte der lyrischen Form aus insgesamt 17 Moren, die heute meistens Haiku, aber auch Haikai oder Hokku genannt wird.

Das Haiku war lange Zeit nicht autonom. Es war ursprünglich der erste Teil einer Kettenlyrik, der sich auf die Gelegenheit des Zusammensitzens und -dichtens beziehen sollte und zum Beispiel ein Gruß des Gastdichters sein konnte. Das Haiku gehörte also zu einer gesellschaftlichen Gelegenheit. Auch als ein von der Kettenlyrik abgekoppeltes Gedicht wurde das Haiku gern in einen Kontext integriert. Das Reisetagebuch war dafür eine wichtige Form, insbesondere bei Bashô. Außerdem wurden Haikus gern räumlich installiert – zum Beispiel in ein Bild kalligraphisch eingeschrieben und aufgehängt. Alle drei Haiku-Meister, die Grünbein in seinen Tagebüchern nennt, Bashô, Buson (1716-83) und Issa (1763-1827), waren Dichter, Kalligraphen und Maler zugleich. Wird also ein Haiku, das ein Dichter-Kalligraph-Maler auf einem Faltfächer mit einem Bild gekoppelt geschrieben hat, aus diesem Kontext herausgenommen und in eine Taschenbuch-Anthologie aufgenommen (was heutzutage überall auf der Welt geschieht), liest der Leser ein Fragment.

Grünbein ist in seiner Haiku-Dichtung zunächst Traditionalist. Mag er sich auch in jungen Jahren an haikuähnlichen Kurzgedichten geübt haben[10], so bediente er sich, sobald er Haikus für die Öffentlichkeit schrieb, immer entweder der Form der Kettenlyrik oder des Reisetagebuchs. Als er 1999 zum ersten Mal Japan besuchte und anfing, sich mit dem Haiku ernsthaft auseinanderzusetzen, schrieb er schon beides: Zum einen war er neben Uli Becker als Gast aus Deutschland an einem deutsch-japanischen Kettengedichtprojekt beteiligt, bei dem auf der Gastgeberseite hervorragende japanische Lyriker (Makoto Ôoka, Junko Takahashi und Shuntarô Tanikawa) standen.[11] Die Beteiligten, die deutschen und die japanischen Dichter wie auch die deutsch-japanischen Übersetzer, befreiten sich zwar von der Pflicht, in einer bestimmten Silben- bzw. Morenanzahl zu schreiben. Das Projekt war jedoch als eine bewußte Weiterentwicklung der traditionellen japanischen Kettenlyrik gedacht. Zum zweiten begann Grünbein damals, das Tagebuch seiner Japan-Reisen in Haikus und zum kleineren Teil in Tankas zu schreiben. Außerdem ließ Grünbein seine Haikus installieren – nicht auf einem Faltfächer, aber in einem ähnlichen Kon-

10 Vgl. Ikeda (2002), S. 177.
11 Vgl. die deutsche Version des Kettengedichts: Grünbein u. a. (2000).

text. Die Buchkünstlerin Veronika Schäpers gestaltete nämlich mit einer Auswahl der Haikus aus den Tageüchern seiner ersten drei Japan-Reisen ein komplex gebautes, mit Kalligraphien geschmücktes Leporello.[12]

Grünbeins erster Zyklus enthält auch eine Reflexion über die literarische Gattung des Reisetagebuchs oder über das Phänomen, reisend zu dichten. Ein Eintrag lautet: »Wiederaufgebaut hat / Das Teehaus des unbehausten / Der behauste Dichter. [<...> Besuch im Gedenkhaus für den Dichter Buson, der in seinem Obergarten einen kleinen Teepavillon errichten ließ. Dort wurden, in Erinnerung an den Aufenthalt des berühmten Bashô am selben Ort hundert Jahre zuvor, Lesungen abgehalten. <...>]« Hier zitiert er versteckt das wichtigste unter den japanischen Haiku-Reisetagebüchern: Bashôs *Auf schmalen Pfaden durchs Hinterland*, das mit einem Li Po-Zitat beginnt:

> »Sonne und Mond, Tage und Monate verweilen nur kurz als Gäste ewiger Zeiten«, und so ist es mit den Jahren auch: sie gehen und kommen, sind stets auf Reisen. Nicht anders ergeht es den Menschen, die ihr ganzes Leben auf Booten dahinschaukeln lassen, oder jenen, die mit ihren am Zügel geführten Pferden dem Alter entgegenziehen: tagtäglich unterwegs, machen sie das Reisen zu ihrem ständigen Aufenthalt. Viele Dichter, die vor uns lebten, starben bereits auf der Wanderschaft. Meine Gedanken hören dennoch nicht auf, wohl angeregt durch den Wind, der die Wolkenfetzen jagt, um das stete Getriebenwerden zu schweifen – ich weiß schon gar nicht mehr, von welchem Jahr an.[13]

Diese Passage steht auch im Hintergrund des nächsten Haikus in Grünbeins Zyklus: »Wasser und Wolken / Ziehen wie immer da-

12 Grünbein (2004b).

13 Bashô (1985), S. 43-45.

hin. / Selten noch Dichter.« Aus der Ferne, aus Deutschland kommend, gewinnt er die fast verlorengegangene japanische Tradition des reisenden Dichters stolz zurück. Man nehme Bashôs Reisetagebücher als Grundtexte für Grünbeins Reisetagebücher: Grünbeins Shinkansen ist die Neugeburt von Bashôs Wander-Strohsandalen, seine Hotels sind Reinkarnationen des Graskopfkissens, das Bashô als Metapher des Übernachtens auf Reisen verwandte.
Grünbein, der zwar kein Japanologe ist, studiert die japanische Literatur jedoch gern auf seine eigene Art und Weise und thematisiert in seinen Haikus diese als literarisches Genre. Diese Reflexion auf das Haiku durch das Haiku gilt nicht nur den Überlegungen über das Dichten auf der Reise, sondern auch denjenigen über Humor als Ursprung und Kern des Haikus. Die Distanz des Haikus zu *der* hohen japanischsprachigen Literatur Waka ist nämlich nie gänzlich aufgehoben worden; Haiku konnte und kann sich in diesem Sinne von seinem scherzhaften Charakter nicht völlig lösen: »Ein Scherz das Ganze! / Selbst wenn er fliegt, der Vers, / Er bleibt, was er ist. [<…> Haikai bedeutet Scherz, scherzhaft.]« Stellt dieses Gedicht eine Reflexion über das Scherzhafte des Haikus dar, kommt das nächste selbst als Scherz daher: »Ganz fremd ist (und bleibt) / Solcherlei Verskunst dem Mann / Aus dem bergigen Holland.« Eine Distanzierung vom Autoritären und dessen Verwandlung in Humor sind eine Geste, die der 1962 in Dresden geborene und dort aufgewachsene Dichter in Japan gern vorführt: »Um die Lippen spielt / Ein ironisches Lächeln. / Erinnert er sich? [Zu Besuch beim Großen Buddha von Kamakura]«; »Der Shôgun-Palast – / Ein Ensemble von Scheunen, / Gesehn von Versailles«.
Während Grünbein an der Kürze des japanischen Haikus und möglichst auch an dessen Silbenanzahl 17 festhält, befreit er sich von einer anderen bedeutenden Regel dieser Gattung: daß ein Haiku prinzipiell immer ein Wort enthalten müsse, das eine Jahreszeit

bezeichnet. Sogenannte Jahreszeitenwörter und welches Jahreszeitenwort für welche Jahreszeit steht, ist in der Tradition festgelegt.[14]
Die vom Tennô herausgegebenen bereits erwähnten acht Waka-Sammlungen bildeten den Kodex dafür aus, wie die Welt in der japanischsprachigen Lyrik aussehen und ausgedrückt werden sollte: welche Pflanzen und Tiere zu welchen Jahreszeiten gehören, welche Orte als besingenswert gelten, wie eine Liebesbeziehung beginnt und endet, mit welchen Worten all das gesagt werden soll – ein jedes war kanonisch definiert. Im langen Schatten dieser kanonischen Waka-Sammlungen steht das Haiku, von der Entstehungsgeschichte her gesehen ein verfallenes Waka, immer noch. Der Kern der Jahreszeitenwörter des Haikus gehört zum Wortschatz des Kanons, die Nuancen solcher Wörter sind in hohem Maße von klassischen Wakas bestimmt. Diese Wörter beziehen sich oft nicht so sehr auf die wirkliche Natur als vielmehr auf den Kanon, so daß solch ein Haiku zu Meta-Literatur wird. Ein Jahreszeitenwort kann etwa als Codewort fungieren: Der Dichter verwendet in einem Haiku ein Jahreszeitenwort, das der Leser entschlüsseln, d. h. in dem er die klassische Literatur dahinter mitlesen soll. Dies ist *eine* Strategie, in der Kürze von 17 Moren vieles auszudrücken und zu lesen. Grünbein will in seinen Haiku-Zyklen jedoch kein Absender verschlüsselter Texte unter Anwendung des Codierungssystems der alten Wakas sein und dieser vorgegebenen Regel nicht blind gehorchen. Und dies ist durchaus selbst in Japan erlaubt: Das Haiku ohne Jahreszeitenwort, *muki no ku,* ist auch dort schon längst ein Begriff.
Grünbeins erster Haiku-Zyklus trägt den Titel »Zerrüttungen nach einer Tasse Tee oder Reisetage mit Issa«. Dahinter steckt ein Wort-

14 Zur Funktion und Geschichte der Jahreszeitenwörter vgl. Schaumann/Katô (2004), S. 4-17.

spiel: Der Name Issa besteht aus dem Schriftzeichen für ›eins‹ und dem Schriftzeichen für ›Tee‹. Grünbein nahm bei dieser Japan-Reise Issas Tagebuch mit, das auch auf deutsch vorliegt.[15] Issas hier und da mit Haikus versehenes Werk beschreibt die letzten Tage seines Vaters im Jahre 1801. Grausam und fast unerträglich zu lesen ist Issas Klage über den Streit mit seiner Stiefmutter und seinem Stiefbruder, auch über das Erbe. Der Issa-Forscher Katsuyuki Yaba bemerkt zu Recht: Während zeitgenössische Hokku-Dichter das Schöne besangen, beschrieb allein Issa das Häßliche in diesem Tagebuch; damit nahm Issa den Naturalismus vorweg, der in Japan unter dem Einfluß vor allem des französischen Naturalismus erst um 1900 wirklich Fuß faßte.[16]

Stiefsohn in einer Familie in der Provinz im vormodernen Japan zu sein, in dieser unterdrückenden Situation als Individuum über seine Gefühle zu schreiben, diese Sprache überhaupt zu finden, war bestimmt keine leichte Sache. Genau hier knüpft Grünbein an Issa an: Grünbein hat in der DDR zu schreiben begonnen, aus einer das Individuum ähnlich unterdrückenden Situation heraus. Kritik am japanischen Kollektivismus, der aus seiner Sicht auch heute noch gegeben ist, bildet ein wichtiges Thema seiner Kurzgedichte. »Zuckend die Lider / Plaudern den Preis aus, den Preis / Lebenslanger Geduld. [<…> Größer als anderswo scheint in Japan die Selbstdisziplin der Leute. Früh schon lernt man sich hier in Geduld und Zurückhaltung zu üben. Manchmal jedoch verrät ein Tic, ein nervöses Blinzeln, wieviel Kraft das kollektiv eingeübte Ansichhalten kostet <…>]« Der Militarismus als Form des zugespitzten Kollektivismus und die Nationalflagge als sein Symbol werden natürlich nicht geschont: »Das Auge dämmert / Im ›Land der Zwi-

15 Issa (1985).
16 Issa (1992), S. 309 (Yabas Nachwort).

schenfarben‹. / Bei Rot schreckt es auf. / Wo immer der Kreis sich zeigt, / Schlägt die Pupille Alarm.« »Furchtbar der Anblick / Der rohen Sonne. Im Krieg / Brannte halb China.« Es ist verständlich, daß der Dichter aus Ostdeutschland sich auch nicht in das Kollektivsystem der Jahreszeitenworte einordnen wollte, hinter dem die Autorität der alten Tennôs immer noch waltet.
Wegen der Jahreszeitenwort-Regel wird das Haiku heute in der internationalen Haiku-Szene, auch im deutschsprachigen Raum, oft als eine Form der Naturlyrik betrachtet. Grünbein wollte in Japan mit seinen Haikus aber nicht so sehr Naturlyrik schreiben. Was ihn beschäftigte, waren vielmehr kulturelle und gesellschaftliche Erscheinungen und insbesondere die Großstadt Tokyo. Julien Vocance, ein Dichter der französischen Haikai-Gruppe, empfing 1936 den berühmten japanischen Haiku-Lyriker Kyoshi Takahama bei sich zu Hause und bemerkte ihm gegenüber, daß die Regeln der Jahreszeitenwörter für französische Haikus sinnlos seien.[17] Eine ebensolche Ablehnung dieser Regel drückt Grünbein gerade durch ein Haiku aus, das inmitten des bekannten Elektronikviertels Akihabara in Tokyo entstanden ist: »Welche Jahreszeit? / Was weiß ich, wo es ringsum / Auf Bildschirmen schneit.«

Wie schon erwähnt, war Frankreich das Zentrum der Haiku-Rezeption in Europa. Dies hing nicht nur mit dem in Frankreich besonders regen Japonismus zusammen, sondern auch mit der Metropole Paris und dem Ersten Weltkrieg. Die moderne Großstadt mit ihrer Fülle von wechselnden Impressionen und der Kampf von Millionenheeren unter Einsatz hochzerstörerischer technischer Waffen stellten Schriftsteller vor die Frage, wie sie mit allzu vielen

17 Vgl. Schwartz (1971), S. 312, Anmerkung durch den Übersetzer Kitahara, auch Katô (1986), S. 23f. der deutschsprachigen Hälfte des Bandes.

und extremen Eindrücken und Geschehnissen umgehen und diese zum Ausdruck bringen könnten. Eine Möglichkeit bot das Haiku – im Sinne einer Strategie, nicht durch Expansion, sondern durch Reduktion das Übermaß zu fassen. Vocance machte nichts anderes in der vielgelobten Sammlung seiner Haikus von der Front des Ersten Weltkriegs, *Cent visions de guerre* (1916). Und Ezra Pound, ebenfalls begeistert vom Haiku, verdichtete sein Paris-Erlebnis von 1911 in dem berühmten, epochemachenden »*hokku*-like sentence«:

> Three years ago in Paris I got out of a »metro« train at La Concorde, and saw suddenly a beautiful face, and then another and another, and then a beautiful child's face, and then another beautiful woman, and I tried all that day to find words for what this had meant to me, and I could not find any words that seemed to me worthy, or as lovely as that sudden emotion. [...] I found it [»one image poem«] useful in getting out of the impasse in which I had been left by my metro emotion. I wrote a thirty-line poem, and destroyed it because it was what we call work »of second intensity«. Six months later I made a poem half that length; a year later I made the following *hokku*-like sentence: –
> »The apparition of these faces in the crowd:
> Petals, on a wet, black bough.«[18]

18 Pound (1974), S. 86-89. »Drei Jahre zuvor stieg ich in Paris bei der Station La Concorde aus der Metro und sah plötzlich ein wunderschönes Gesicht, dann ein zweites und noch eins, dann das Gesicht eines wunderschönen Kindes und sodann noch eine wunderschöne Frau, und versuchte nun den ganzen Tag über, Worte zu finden für das, was dies für mich bedeutet hatte, und ich konnte keine Worte finden, die mir als so wertvoll oder so schön erschienen wie diese plötzliche Gemütsbewegung. [...] Ich fand es [das Ein-Bild-Gedicht] zweckdienlich, um mich aus dieser Sackgasse zu befreien, in der mich meine Gemütsbewegung in der Metro zurückgelassen hatte. Ich schrieb ein Gedicht von dreißig Zeilen und vernichtete es wieder, weil es das war, was wir ein Werk von ›verblaßter Intensität‹ nennen. Sechs Monate später schrieb ich ein Gedicht, das nur halb so

Diese beiden Zeilen markieren nicht nur die Wende in der Dichtung Pounds[19], sie waren zugleich einer der Ursprünge der europäischen Haiku-Sprache. In dieser Sprache und im Bewußtsein dieser Tradition schreibt auch der Pound-Leser Grünbein.
Das antike Rom, das heutige Berlin – Großstädte sind eines der für Grünbein wichtigsten Themen. Er betrat und verließ Japan immer über den Flughafen Narita bei Tokyo, hielt sich aufgrund verschiedener Veranstaltungen öfters in der japanischen Hauptstadt auf und »verdichtete« dabei das Tokyoter Gesellschaftsleben »im Epigramm zu einer Folge präziser Schnappschüsse«, um es mit Grünbeins Worten über den Dichter des antiken Roms, Martial, zu sagen[20], wobei Epigramm hier in Haiku zu übersetzen wäre. Die scharfe Visualität der Grünbeinschen Dichtung gewinnt in der Hauptstadt Japans und durch die Form des Kurzgedichts eine besondere Prägnanz. Eine seiner Momentaufnahmen lautet: »Müll glänzt am Wegrand / Des gepflegten Viertels am Sonntag. / Die Krähe beäugt ihr Revier.« Als feiner Filter, durch welchen aus dem metropolitanen bilder- und geräuschvollen Chaos siebzehn Silben sich herauskristallisieren, sind nicht nur Grünbeins Augen, sondern auch seine Ohren am Werk. Geräuschempfindlich nennt Grünbein Juvenal[21], der in der lauten damaligen »Welthauptstadt Rom«[22] viele fein klingende Verse seiner Satiren schrieb. Und so findet sich auch Grünbein selbst in Tokyo als einer Stadt wieder, die, vom Wechsel der Jahreszeiten unbeeindruckt, Geräusche er-

lang war; ein Jahr später machte ich den folgenden *hokku*-ähnlichen Satz: ›Die Erscheinung dieser Gesichter in der Menge: / Blütenblätter an einem nassen, schwarzen Zweig.‹«

19 Vgl. Miner (1966), S. 112-127.

20 Grünbein (2005), S. 336.

21 Vgl. Grünbein (2005), S. 340.

22 Grünbein (2005), S. 328.

zeugt. Draußen das laute Tokyo, während sich drinnen im Hotel Verse einstellen, die von sensiblen Ohren geprüft und dann niedergeschrieben werden – so entstand nicht nur das folgende Haiku: »Drohend das Brausen / Vorm Hotelfenster draußen – / Kernkraftwerk Tokyo.« Atemberaubend die Gleichsetzung von Baudelaires Paris und Grünbeins Tokyo: »Hier laß uns beten / Im größten der Warentempel, / *Mon frère* Baudelaire. [<…> Tokyo / Ginza / Kurz vor Ladenschluß nachts]« Statt mit Jahreszeitenworten auf klassische Wakas und somit auf die Literaturgeschichte Japans Bezug zu nehmen, schreibt Grünbein hier im Kontext der metropolitanen Kulturgeschichte der Welt. Auch im folgenden Haiku geht es um die Großstadt Tokyo und, wie es zur Zeit Bashôs hieß, um Edo: »Wieviel er doch schluckt, / Der Fluß: Schildkröten, Karpfen – / Ein Fahrrad sogar. / [<…> Tokyo / Am Kanda-Fluß, unterhalb des Ryûge-an / Hier setzte Bashô den ersten Schritt ins Dichterleben. <…>]« Wie Juvenals Rom[23] war auch Bashôs Edo kanalisiert. Oder genauer: Bashô war selbst in leitender Funktion an der Wartung der Kanalisation beteiligt, um die Population der schon damals großen Stadt mit Trinkwasser zu versorgen.[24] Er wohnte dabei, bevor er reisender Eremit wurde, möglicherweise in der Nähe, wo heute Ryûge-an, eine Bashô-Gedenkstätte, steht. Grotesk ist der Gegensatz zwischen dem Oberwasserkanal von damals und dem daraus entstandenen grausamen Fluß von heute. Bashô wird hier, fern dem Bild eines repräsentativen japanischen Naturlyrikers, in die Geschichte der Großstadt Tokyo integriert dargestellt.

Einunddreißig Schriftzeichen, *misohitomoji*, ist ein anderer Name für Tanka. Das japanische Schriftsystem besteht im Grunde aus

23 Vgl. Grünbein (2005), S. 359.
24 Tanaka (1998), S. 99-116.

drei Schriften: zwei Lautschriften *hiragana* und *katakana* sowie *kanji* (chinesische Schrift). Wenn ein Tanka in *hiragana* geschrieben wird, wie es früher typisch war, ergeben sich 31 Schriftzeichen, wobei ein Schriftzeichen einer Mora entspricht. Japanische Kurzgedichte, Tanka sowie Haiku, werden viel stärker als Schrift empfunden als deutsche Gedichte. Dementsprechend legte man früher großen Wert darauf, sie mit der Hand kalligraphisch darzustellen. Als der Dichter Makoto Ôoka, der Initiator des Kettengedichtprojekts, an dem auch Grünbein teilnahm, das ganze Werk, darunter Grünbeins Beiträge, mit japanischer Feder aufzeichnete[25], folgte er dieser alten Tradition.
Ein japanischer Leser wird deshalb fast überrascht, wenn Grünbein hier und da die akustische Seite der japanischen Kurzgedichte in den Vordergrund stellt. Nicht so sehr ein japanischer Haiku-Lyriker, als vielmehr erst der deutsche Dichter kann ein Hokku wie das folgende schreiben: »Siebzehn Kehlkopfklicks – / Ein Gedicht auf japanisch. / Vorbei, kaum gehört.«[26] Sprache als Schrift und Sprache als Laut: dieser Gegensatz hat Grünbein während seiner Reisen in Japan immer wieder beschäftigt. »Was hat er gemeint? / In die Handfläche malt er / Den plötzlichen Sinn. / [...] [Immer wieder kann man beobachten, wie ein Japaner sich dem andern erst dann verständlich macht, wenn er ihm das gemeinte Zeichen vor Augen führt. Erst damit gilt das gesprochene Wort.]« Als Grünbein im buddhistischen Tempel Daian-ji eine Lesung hielt, wurde darüber in verschiedenen japanischen Zeitungen mit großer Hochachtung berichtet. Die Lesung als besondere Form des Literaturgenießens

25 Vgl. Anonymus (1999): Zeitschriftenartikel mit den Fotos der kalligraphischen Darstellung der japanischen Fassung des Kettengedichtes »Licht verborgen im Dunkel«.

26 Das Tagebuch seiner ersten Japan-Reise, das auch dieses Haiku enthält, las Grünbein für eine CD (Grünbein [2004a], Begleit-CD).

ist in Japan, wo Literatur in erster Linie als geschriebenes Wort gilt, zumindest heutzutage selten. In einem Tempel in der alten Kaiserstadt, in dem vielleicht, wie es in einem buddhistischen Tempel in Japan oft der Fall ist, unlesbare indische Schriftzeichen hier und da ihre Aura ausstrahlten, erklang die deutsche Sprache: ein Abend an der Spitze der Avantgarde.

Durchs Hinterland in die Ferne, gen Osten wollte auch Goethe. Nachdem er in Italien gewesen war und in seinen *Römische Elegien* eine Versform der europäischen Antike benutzt hatte, reiste er – nicht mehr tatsächlich, sondern nunmehr in der Vorstellung – weiter in den sogenannten Orient, um dort einen von persischen Dichtern inspirierten Gedichtband zu verfassen. Danach setzte er seine imaginäre Reise nach China fort: Von der übersetzten chinesischen Literatur angeregt, entstand daraus der schöne Zyklus »Chinesisch-Deutsche Jahres- und Tageszeiten«, in dem Goethe sich in die Rolle eines Mandarins in China versetzte. Hier aber fand seine Reise in fremde Kulturen und Literaturen auch ihr Ende; er erreichte Japan nicht. Weder schrieb er Kettenlyrik mit Eckermann, noch verfaßte er ein Tagebuch in Haikus. Dies hätte er wohl gemacht, wenn im damaligen Europa die Japanologie der Sinologie nicht nachgestanden hätte und die japanische Lyrik früher bekannt geworden wäre. Vielleicht kann man so weit gehen zu sagen, daß Grünbein mit seinen vier Haiku-Zyklen Goethes westöstliche Fackel übernommen hat. Denn es hat bislang noch keinen deutschsprachigen Schriftsteller von Format gegeben, der diese literarische Gattung so ernst genommen und sich ihrer in diesem Ausmaß gewidmet hätte.

Dort, wo seine Reise endete, im imaginären China, schrieb Goethe fremde Schriftzeichen. Im den Zyklus eröffnenden Gedicht heißt es: »geistig schreiben, [...] Zug in Zügen«. Damit meinte Goethe chinesische Schriftzeichen in ihrer komplexen Gestalt. Er interessierte sich dafür und kannte sie. Er lieh sogar eine Menge Druckstöcke mit solchen Zeichen in der Weimarer Bibliothek aus.[27] Die chinesische Schrift, die zum japanischen Schriftsystem gehört, beschäftigt Grünbein nicht minder. Auch in diesem Sinne schließt er sich an Goethes China-Zyklus an und führt ihn fort. Eines seiner Haikus thematisiert das chinesische Schriftzeichen für Tor, das sich vom Abbild eines wirklichen Tors herleitet: »Das hölzerne Tor / In der Bucht von Miyajima – / Ein rotes *kanji* im Meer.« Wenn daher die Leserinnen und Leser dieses Buches der Insel-Bücherei unlesbare Schriftzeichen vor sich sehen, darunter viele chinesische, erleben sie das gleiche, was auch Grünbein erlebt und in seinen Haikus thematisiert hat. Diese Erfahrung schadet bei der Lektüre nicht, ist hoffentlich vielmehr hilfreich. Auch so kann die Zweisprachigkeit des vorliegenden Büchleins verstanden werden.

Ein Wort zur Übersetzung: Die hier vorliegenden japanischen Übersetzungen sind nicht in Haiku- oder Tanka-Form geschrieben. Der Übersetzer hat sich bemüht, originalgetreu zu übersetzen, ohne daß die Gedichte dabei ihren lyrischen Charakter verlieren. Die so entstandene japanische Version eines Grünbeinschen Haikus ergibt viel mehr Moren als 17, die eines Tankas viel mehr Moren als 31. Hätte der Übersetzer daraus ein japanischsprachiges Haiku oder Tanka machen wollen, hätte er vieles von dem, was im Original ausgedrückt ist, entweder weglassen oder verändern müssen.[28] Das aber wollte der Übersetzer nicht. Das Ideal, das er vor Augen hatte, waren nicht so sehr klassische japanische Haikus und Tankas, als vielmehr Daigaku Horiguchis Übersetzungen französischer

27 Vgl. Debon (1982), S. 32.

28 Vgl. die Kritik des Tanka-Dichters und Germanisten Kuniyo Takayasu an den in Haiku-Form gemachten japanischen Übersetzungen deutschsprachiger Haikus: Takayasu (1982), S. 89.

Gedichte in seiner berühmten, bereits erwähnten Anthologie aus dem Jahr 1925. Darin hat die lyrische Sprache des Japanischen eine neue Dimension gewonnen. Die in Europa eigens entwickelte Haiku-Sprache seit Pound sowie der französischen Haikai-Gruppe und die Sprache japanischer moderner Lyrik – beide sind sie gleichzeitig in einem europäisch-japanischen Kulturaustausch entstanden und passen deshalb gut zusammen.

In der altostasiatischen Tradition der Nachwort-Kultur konnte das Haiku-Reisetagebuch eines Dichters mit dem Nachwort eines anderen Autors geschlossen werden; so geschah es z. B. bei einer wichtigen Fassung von Bashôs *Auf schmalen Pfaden durchs Hinterland*. Der Übersetzer freut sich, daß er hier genauso verfahren darf.

Literatur

Anonymus: 1999nen Shizuoka renshi no kai. In: G. (Zeitschrift des Kulturhauses in Shizuoka [Japan] »Granship«) Nr. 5 (1999). S. 17-22.

Araki, Tadao (Hg.): Deutsch-Japanische Begegnung in Kurzgedichten. München: iudicium 1992.

Bashô: Auf schmalen Pfaden durchs Hinterland. Aus dem Japanischen übertragen sowie mit einer Einführung und Annotationen versehen von G. S. Dombrady. Mainz: Dieterich 1985.

Debon, Günther: Goethes »Chinesisch-Deutsche Jahres- und Tageszeiten« in sinologischer Sicht. In: Euphorion. Bd. 76 (1982). S. 27-57.

Grünbein, Durs: Den Teuren Toten. Epitaphe / Tagebuch der Japan-Reisen. Herausgegeben, ins Japanische übersetzt und mit einem Nachwort von Yûji Nawata. (Deutsch-japanische Ausgabe mit CD [Autorenlesung]). Tokyo: Chuo University Press 2004. [Grünbein (2004a)]

Grünbein, Durs: Lob des Taifuns. Buchgestaltung durch Veronika Schäpers. Übersetzung ins Japanische von Yûji Nawata. Zwei Kalligraphien von Akiko Kojima. Numerierte Ausgabe. Tokyo 2004. [Grünbein (2004b)]

Grünbein, Durs: Schlaflos in Rom. In: ders.: Antike Dispositionen. Aufsätze. Frankfurt a. M.: Suhrkamp 2005. S. 328-368.

Grünbein, Durs u. a.: Licht verborgen im Dunkel. Ein Renshi-Kettengedicht. Hannover: Wehrhahn 2000.

Ikeda, Nobuo: Kongetsu no hito Durusu Guryûnbain. (Interview mit Durs Grünbein.) In: Subaru. Heft Dezember 2002. S. 176-179.

Issa: Chichi no shûen nikki, oraga haru, hoka ippen. Ediert und kommentiert von Yaba Katsuyuki. Tokyo: Iwanami shoten 1992.

Issa: Die letzten Tage meines Vaters. Aus dem Japanischen übertragen sowie mit Nachwort und Anmerkungen versehen von G. S. Dombrady. Mainz: Dieterich 1985.

Katô, Keiji: Deutsche Haiku. Ein kurzer Beitrag zur vergleichenden Literaturgeschichte. (Deutsch-japanische Ausgabe.) Tokyo: Nagata shobô 1986.

Kling, Thomas: brennstabm. Gedichte. Frankfurt a. M.: Suhrkamp 1991.

Krusche, Dietrich: Das japanische Haiku in Deutschland. In: ders.: Literatur und Fremde. München: iudicium 1985. S. 104-117.

Matsumura, Midori: Sonetto ishokushi. In: Publications of the Institute for Comparative Studies of Culture, Tokyo Woman's Christian College. Bd. 1 (1955). S. 125-151. Englische Zusammenfassung »The Introduction of the Sonnet to Japan«. S. 230.

Matsumura, Midori: Sonetto no keifu – nihon kindaishi ni okeru. In: Publications of the Institute for Comparative Studies of Culture, Tokyo Woman's Christian College. Bd. 34 (1973). S. 1-22 der vertikal gedruckten Hälfte des Bandes. Englische Zusammenfassung »The Genealogy of the Sonnet in Modern Japanese Poetry«. S. 78 der horizontal gedruckten Hälfte des Bandes.

Meyer, Herman: Rilkes Begegnung mit dem Haiku. In: Euphorion. Bd. 74 (1980). S. 134-168.

Miner, Earl: The Japanese Tradition in British and American Literature. Princeton: Princeton University Press 1966.

Pound, Ezra: Gaudier-Brzeska. A Memoir. New York: New Directions 1974.

Schaumann, Werner und Keiji Katô: Singen von Blüte und Vogel. Takahama Kyoshis Jahreszeitenwörterbuch. Tokyo: Nagata shobô 2004.

Schuster, Ingrid: China und Japan in der deutschen Literatur 1890-1925. Bern und München: Francke 1977.

Schwartz, William Leonard: The Imaginative Interpretation of the Far East in Modern French Literature 1800-1925. Japanische Übersetzung durch Michihiko Kitahara. Tokyo: Tôkyô daigaku shuppankai 1971. (Original Paris 1927.)

Shibata, Yoriko: Riruke no haiku sekai. In: Hikaku bungaku. Journal of Comparative Literature, hg. von der Japan Comparative Literature Association. Bd. 35 (1992). S. 89-101. Französische Zusammenfassung »L'univers du haïku chez Rilke«. S. 240.

Takayasu, Kuniyo: Doitsujin to haiku. In: Haiku (Zeitschrift für Haiku beim Verlag Kadokawa shoten in Tokyo). Heft September 1982. S. 84-89.

Tanaka, Yoshinobu: Bashô – futatsu no kao. Zokujin to haisei to. Tokyo: Kôdansha 1998.

Yamane, Keiko: Krieg und Abkehr von Europa – am Beispiel von Günter Eichs Lyrik. In: Walter Gebhard (Hg.): Ostasienrezeption in der Nachkriegszeit. Kultur-Revolution – Vergangenheitsbewältigung – Neuer Aufbruch. München: iudicium 2007. S. 259-281.

Zu den Abbildungen

Seite 8 Der spätere Kôshirô Matsumoto der Neunte, berühmter Kabuki-Darsteller zu der Zeit, als er noch Kintarô Matsumoto hieß, in einer Aufnahme aus dem Jahr 1946.

Seite 34 Yasukuni-Schrein: Das Pantheon der japanischen Krieger, ewig umstritten, seit nach der Niederlage Japans im Zweiten Weltkrieg auch zahlreiche verurteilte Kriegsverbrecher unter den Offizieren darin Aufnahme fanden.

Seite 58 Bodhisattva Monju: Im Mahayana-Buddhismus die Verkörperung der Weisheit. Hier eine Statue aus der Kamakura-Periode, 13. Jahrhundert, Tokyo Nationalmuseum.

Seite 74 Kontaktanzeige für erotische Dienstleistungen, wie sie als Aufkleber an Verkehrsschildern und Strommasten überall in den größeren Städten zu finden sind. Ein Frühlingsbild der ganz anderen Art.

Inhalt

Reisetagebücher in Haikus

3. Auflage 2017. Insel Verlag Frankfurt am Main und Leipzig 2008. Bezugspapier: Motiv eines Einwickelpapiers eines Tokyoter Sojawarenhändlers. Gesetzt in den Schriften Adobe Garamond Pro und Kozuka Mincho Std. und gedruckt auf holzfreies, alterungsbeständiges Papier der Firma Cordier, Bad Dürkheim, von der Memminger MedienCentrum AG. Gebunden in Fadenheftung von der Josef Spinner Großbuchbinderei GmbH, Ottersweier. Printed in Germany. Erste Auflage 2008.
ISBN 978-3-458-19308-1